ASI HABLA
EL MEXICANO

Jorge Mejía Prieto

ASI HABLA EL MEXICANO

diccionario básico de mexicanismos

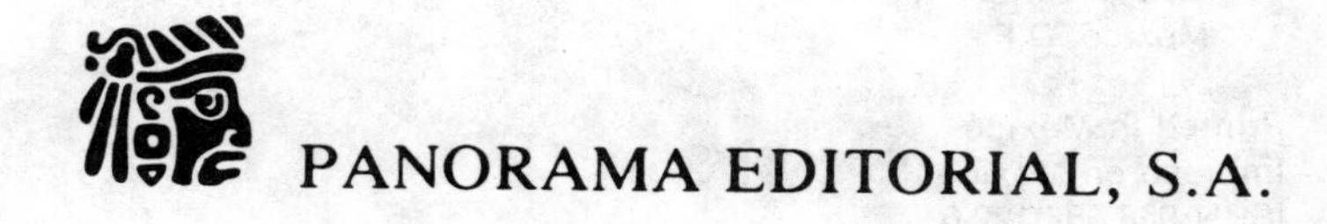
PANORAMA EDITORIAL, S.A.

Primera edición: 1984
Quinta reimpresión: 1991

Printed in México
Impreso en México
ISBN 968-38-0122-6

Indice

A Alejandro Ordorica Saavedra,
para quien el ámbito de lo universal
comienza en la afirmación de lo mexicano.

PRESENTACION

Pertenece nuestro país a la vasta comunidad de naciones cuyo idioma es el español. Con excepción de algunos grupos indígenas monolingües, los mexicanos nos valemos de la lengua española para expresarnos. Este hecho nos vincula a una tradición histórica y literaria de verdadera importancia, a la vez que nos hace beneficiarios de un patrimonio cultural de excepcional riqueza.

Hermanados por esa misma lengua y por todo cuanto ella significa, logramos hacernos comprender sin mayores dificultades lo mismo por los españoles peninsulares que por los naturales de cualquiera de los países hispanohablantes. Sin embargo, son notorias las diferencias que se advierten entre las formas expresivas de las diversas naciones comprendidas dentro del área idiomática española.

Circunscribiéndonos a la materia de que este libro se ocupa, pensemos por un momento en el sinnúmero de vocablos, giros y modos de hablar característicos de México y denominados, por ello mismo, mexicanismos; esos mexicanismos en los que encontramos palabras indígenas que pasaron a formar parte del fondo común de la lengua madre; términos usuales en el país y que, pese a su fuerza expresiva, no han sido aceptados por la Academia; diferencias gramaticales y de construcción; maneras peculiares de emplear el idioma, confiriéndole significados de los que carece en España; y aun entonaciones y articulaciones particulares que acostumbramos dar a los vocablos. Es más, debe tomarse en cuenta que en ocasiones el mexicanismo consiste en la preservación de una palabra o frase de la antigua lengua española, que se ha perdido en España y que no obstante perdura entre nosotros.

El estudio, por lo menos elemental, de los mexicanismos importa a cuantos —propios y extraños— se interesan en el conocimiento de lo nuestro, ya que tales términos y giros son poderosos instrumentos de lenguaje y, por lo mismo, eficaces vehículos de costumbres, tradiciones y formas muy propias de ser y sentir. No olvidemos que la lengua y el espíritu de un pueblo son la misma cosa; y que por medio de la lengua las naciones cobran conciencia de su identidad, y a través de ella toman posesión plena de su lugar en el mundo.

Se ha escrito este libro para lectores no especializados en lingüística. Su finalidad es la de informar de manera breve y sencilla acerca de los mexicanismos más comunes en el habla popular de nuestro país. Si logra proporcionar no sólo adecuada información, sino el placer y el entretenimiento que derivan del conocimiento de expresiones idiomáticas en las que alienta el genio popular, habrá cumplido su propósito.

ABREVIATURAS

a. Activo; verbo activo.
adj. Adjetivo.
adv. Adverbio.
com. Común.
dim. Diminutivo
excl. Exclamación.
f. Sustantivo femenino.
f. y pl. Femenino y plural.
fam. Familiar.
fig. Sentido figurado.
intr. Verbo intransitivo.
interj. Interjección.
m. Sustantivo masculino.
m. y f. Nombres masculino y femenino.
m. y pl. Masculino y plural.
mod. adv. Modo adverbial.
n. Neutro.
pl. Plural.
p. p. Participio pasivo.
pr. Pronombre, pronominal.
r. Reflexivo.
s. Sustantivo.
s. y adj. Sustantivo y adjetivo.
tr. Transitivo.
ú. t. c. s. Usase también como sustantivo.
v. Verbo.

NOTA: A lo largo de estas páginas se ha suprimido el acento ortográfico en las palabras nahuas, ya que éste no corresponde a sus reglas gramaticales.

ABARROTES. m. y pl. Bajo esta denominación se comprende, en México y otros países de América Latina, una gran variedad de artículos de consumo doméstico: pastas, granos, latería, vinos, café, embutidos, cigarrillos, frutas secas, etcétera. Aunque el término es común a las naciones hispanohablantes, de España a América su sentido varía. En la Península Ibérica los *abarrotes* son pequeños fardos o cuñas que sirven para apretar un cargamento, o bien, mercancías de cualquier clase y tipo. Y si en México se dio en llamar *abarrotes* a los víveres y suministros de consumo corriente, fue porque durante el virreinato las tiendas de comestibles del país se surtían en parte con mercaderías traídas de España, las cuales se envolvían en pequeños fardos o *abarrotes* que se colocaban en los huecos dejados por la carga gruesa en las bodegas de las embarcaciones. El vocablo resultó simplificador y eficaz para designar el suministro de artículos requeridos por la población para su diaria subsistencia, permaneciendo en uso hasta la fecha.

ABUSÓN, NA. adj. y s. Dícese de la persona dada a cometer injusticias, a abusar. La palabra, originaria de México y muy común en el país, fue aceptada por la Academia a partir de su decimoctava edición. Anteriormente sólo registraba, con el mismo sentido, el vocablo *abusivo.*

ACASITO, adv. fam. Diminutivo del adverbio *acá.* Nuestro pueblo es muy dado a crear y emplear diminutivos, con los que busca expresar afecto, delicadeza, ternura.
"¿Qué hace allí tan solita, mi alma? Véngase *acasito".*

ACOCIL (del náhuatl *atl,* agua, y *cuitzilli,* que se retuerce). m. Crustáceo común en los ríos y lagunas de México, y cuyo nombre científico es *Cambarellus montezumae.* Los indígenas acostumbraban comerlo, ya sea cocido o asado.

ACOCOTE (en náhuatl *acocotli).* m. Calabaza alargada y estrecha, de hasta un metro de longitud, agujerada por ambos extremos y vaciada de su pulpa y semillas, que se usa para extraer por succión el aguamiel. Su nombre botánico es *Lagenaria siceraria.*

—A ACOCOTE NUEVO, TLACHIQUERO VIEJO. Con este refrán se da a entender que en el manejo de los nuevos negocios se debe dar preferencia a personas con experiencia.
El *tlachiquero* es el hombre que se vale del *acocote* para extraer el aguamiel o *tlachique* del cajete del maguey.

ACUACHE. m. Hibridismo formado por una *a* proteica, que procede de la lengua castellana, y el radical náhuatl *coatl,* cuate, cuache, mellizo. Significa compañero de aventuras o compinche. Es usual la variante *acuachi.*
"A cualquier sitio que va, llega siempre acompañado de todos sus *acuaches".*

A

ACHICALAR. tr. En los estados del interior del país, principalmente en Querétaro, cubrir o empapar de miel.
"La calabaza y los camotes *achicalados* son mucho más sabrosos si se toman acompañados con leche fría".

ACHICOPALARSE. pr. Deprimirse, afligirse, entristecerse. Como sucede con *agüitarse,* este verbo se emplea lo mismo aplicado a las personas, que a los animales y aun a las plantas.

ACHICHINCLE (del náhuatl *atl*, agua y *chichinqui,* el que chupa). m. Trabajador de las minas que traslada a las piletas el agua que mana de los veneros subterráneos.
2. fig. fam. Individuo que acompaña a otro de manera incondicional, adulándole y obedeciéndole en forma abyecta.

ADULADA. f. Acto y efecto de *adular.* El término se emplea principalmente en Sonora y Sinaloa, aplicándose lo mismo al que se vale de alabanzas, que al que las recibe complacido. A veces se usa en diminutivo, *aduladita,* con intención irónica y despectiva.

AGUACATE (del náhuatl *ahuacatl,* testículo). m. Árbol de la familia de las lauráceas cuyos nombres botánicos son *Persea americana* y *Persea gratissima.* Tiene de 10 a 15 metros de altura, su tallo es leñoso y su corteza fragante. Sumamente frondoso, sus hojas son aromáticas y de color verde oscuro, coriáceas, ovales y alternas.
2. Fruto de este árbol, de forma ovoide parecida al testículo, de donde proviene el nahuatlismo de su nombre.
3. Vulgarismo por testículos, usado solamente en plural.

AGUAJE. m. Abrevadero, ya sea de agua corriente o recogida en un estanque o presa.
"Además de bien situada, esa hacienda tiene muy buenos *aguajes*".

AGÜITARSE. pr. Abatirse, entristecerse, decaer del ánimo. El

vocablo es común entre la gente del pueblo, que lo aplica por igual a seres humanos, animales y plantas.
"Desde que murió su amo, ese perro anda todo *agüitado,* no quiere comer y se pasa los días echado en un rincón".

AGUZADO, DA. p. p. de **AGUZAR,** sacar punta a una cosa, adj. Aplícase al individuo despabilado, agudo, perspicaz. Dícese también *abusado.*
"Si quieres conservar el empleo, debes ponerte muy *aguzada* y mejorar tu ortografía y tu mecanografía".

AHUEHUETE (del náhuatl *atl,* agua, y *huehue,* viejo: "el viejo del agua"). m. Árbol de la familia de las pináceas, cuyo nombre botánico es *Taxodium mucronatum.* De 20 a 30 metros de altura, su tronco es corpulento y a menudo irregular. Crece de preferencia junto al agua o en terrenos pantanosos, característica de donde procede su etimología náhuatl.
Los *ahuehuetes* alcanzan edades superiores a los 700 años. El *Árbol de Santa María del Tule,* famoso *ahuehuete* que se encuentra a 12 kilómetros de la ciudad de Oaxaca, mide 36 metros de circunferencia y se dice que tiene más de mil años de existencia.

AHUIZOTE (del náhuatl *ahuizotl: atl,* agua, y *huitzo,* espinoso: "el espinoso del agua"). m. Animal mitológico de los aztecas, especie de perro acuático, ayudante y mensajero del dios Tlaloc.
2. En lenguaje familiar y figurado el nombre equivale a maleficio o mal augurio, aplicándose también a las personas insoportables o molestas, debido a la fama de hombre tiránico e impertinente que tuvo Ahuizotl, octavo rey mexica.

AJOLOTE (del náhuatl *axolotl: atl,* agua y *xolotl,* monstruo: "monstruo acuático"). m. Anfibio de la familia de los salamándridos, cuyos nombres científicos son *Proteus* mexicanus y *Sideron humboldtl.* Vive en lagos y lagunas del centro de México y semeja un renacuajo gigante, de alrededor de 20 centímetros de largo. Tiene 4 dedos en las extremidades torácicas, y 5 en las abdominales. Respira de 3 maneras: la branquial, la pulmonar y la cutánea. El *ajolote* no es sino una larva, la del animal conocido como *Amblistoma tigrinum* o *Mexicanum,* batracio urodelo semejante a la salamandra. Era un manjar muy apreciado por los aztecas. Y en la mitología náhuatl es la advocación acuática de Xolotl, hermano gemelo y monstruoso de Quetzalcoatl. Xolotl se manifiesta en las mutaciones a que recurre para evitar ser sacrificado. Huye ocultándose entre las milpas, donde se convierte en una planta de maíz de dos cañas, o jolote *(xolotl).* Al ser descubierto emprende la fuga y se esconde en un magueyal, transformado en una doble penca de maguey o mejolote (de *mey,* maguey, y *xolotl).* Cuando una vez más es hallado por el verdugo, escapa y se tira al agua, donde se convierte en *ajolote.* Esta es su metamorfosis final, pues como *ajolote* el verdugo lo pesca y le da muerte.

ALBUR. m. Juego de palabras de doble sentido para el que se requiere gran agilidad mental. En su duelo gratuito, cada uno de los dos contendientes tiene la intención de zaherir al contrincante por medio de equívocos que, de modo por completo imaginario, lo rebajen sexualmente. Esta especie de esgrima verbal se basa en una valorización sexual agresora y despreciativa, en torno a la cual cada uno de los participantes pretende escarnecer, de manera casi metafísica, a otra persona de su mismo sexo.

ALEBRESTARSE. pr. La Academia da los significados de tenderse en el suelo y, en lenguaje figurado, acobardarse como una liebre. Pero en México el vocablo no tiene esos sentidos, sino el de alterarse o alborotarse por el presentimiento de un daño.
2. En diversos estados de la República, sobre todo en Sinaloa, Sonora y Tabasco, excitarse por acción de las primeras copas ingeridas.

A

ALEGATA. f. Discusión, controversia apasionada, *averiguata,* en el sentido de discusión acalorada. Para el pueblo la *alegata* no se refiere simplemente al hecho de discutir, sino que implica controvertir con vehemencia.
"Así son estos señores: nomás se juntan a tomar la copa y empiezan de inmediato con su *alegata*".

ALICANTE. m. Denominación vulgar que se da a la culebra llamada *cencuate* o *sincuate,* la cual no es ponzoñosa. Mide más de un metro de largo y emite una especie de bufido. Vive en terrenos de poca vegetación y en lugares arenosos. Según una conseja popular, el *alicante* succiona la leche de las mujeres que están criando, cuando éstas se encuentran dormidas y no se dan cuenta de la presencia de la culebra.
"Desde que está criando, Chonita se ve muy desmejorada; debe de estar mamándole el *alicante*".

AMACHARSE. pr. Resistirse la bestia a caminar.
2. Encapricharse, mostrarse intransigente.
"A testarudo nadie le gana, se *amacha* en sus ideas y nadie lo saca de ellas".

AMANSALOCOS. m. Jocosamente, se le llama así a un garrote, bastón o látigo burdos.
"Encaprichada, la joven gimoteaba lastimeramente cuando llegó el abuelo y, agitando en el aire su bastón descomunal, dijo: ¡Basta ya de lloriqueos, aquí traigo el *amansalocos!*"

AMOLADÓN, NA. adj. Modismo usado principalmente en Sonora. Se aplica a la persona que pasa por una mala situación, sea por enfermedad, quebrantos económicos o cualesquiera otra causa. Aquí la desinencia *on, ona* no connota que el sujeto esté muy *amolado,* sino sólo algo dañado. Se dice también *fregadón.*

A

AMOLAR. tr. Por eufemismo, fregar, molestar, perjudicar, dañar.
2. Decaer por falta de recursos económicos, por enfermedad o por otra clase de sufrimiento.
"Tiene más de un año sin conseguir empleo y, por ello mismo, anda muy *amolado*".

AMULARSE. pr. Volverse *mula,* es decir invendible, una mercancía. Término usual en el comercio para designar a las existencias que son estériles, inútiles.

ANTOJADERA. f. Sucesión de antojos. Se aplica, no a la persona antojadiza, sino a la serie de sus antojos sucesivos.
"Pediste dos sopas, dos guisados, frijoles refritos y postre. Y todavía quieres un melón con nieve. ¡Caramba, pero qué estómago y qué *antojadera* la tuya!"

ANTOJITO. m. Refiérese el término a las comidas típicas de la provincia mexicana que se comen por antojo. Este diminutivo se usa por lo común en plural: *antojitos.*
"Fuimos a cenar a los portales de Morelia, donde están los puestos de *antojitos.*

APASTE (del náhuatl *atl,* agua, y *paztli,* olla). m. Olla, vasija o cualquier otro recipiente de barro usual entre los campesinos del país. El término se extiende hasta América Central, con las variantes *apazte, apastle,* etcétera.

APERGOLLAR. tr. fam. Es corrupción de la voz española apercollar, que significa coger o asir por el cuello. En México tiene el significado de asegurar, tomar con fuerza.
2. En sentido figurado, hacer caer a uno en trampa o celada.
3. Extorsionar, abusar de alguien, tratar con excesiva dureza.

APIPIZCA. m. Denominación popular que se da a cierta ave acuática migratoria cuyo nombre científico es *Larus pipix-*

can. Es de plumaje blanco, cabeza negra, espalda y alas grises suavemente azuladas, pico rojo oscuro y patas rojizas. Mide 36 centímetros y produce un chillido quejumbroso y estridente. Reside en Canadá y en Estados Unidos, pero emigra para invernar en América del Sur. El nombre de *apipizca* procede del hecho de que llega al valle de México en octubre, temporada de la *pizca* o cosecha del maíz.

ARGÜENDE. m. Alboroto, bulla, vocerío. Razonablemente, se supone que proviene de *argüir, argumentar.*
2. Chismorreo, enredo.
3. Porfía, discusión acalorada.
"Déjate ya de *argüendes* y de entrometerte en las vidas ajenas".

ASASACUARSE. pr. Localismo de la costa veracruzana. Se aplica a la persona o animal que se acurruca o agazapa, como hace la tortuga de la región llamada *sasacua,* la cual se encoge para encerrarse dentro de su concha.

ASEGUNES. s. m. pl. Circunstancias determinadas por condiciones específicas. Se usa en expresiones como la siguiente: *allí entran los asegunes.* Cuando una persona duda de la aseveración de otra, emplea esa frase para indicar que ello ocurrirá siempre y cuando medien tales o cuales circunstancias favorables a lo que afirma su interlocutor. *Asegunes* es plural de *asegún,* barbarismo que equivale a *según, conforme a, con arreglo a.*

ATACARSE. v. r. Darse un atracón, comer o beber con exceso. A quien en un convite se atiborra de alimentos y bebida se le lanza la pulla: *No te ataques, que no es boda,* aludiendo al hecho de que en los festines nupciales suelen abundar los manjares y los licores. También se dice con ironía: *Atácate ora que hay boda.*

ATACUACHARSE. pr. Vulgarismo común en el noroeste del país. Significa agazaparse o esconderse como suele hacerlo el *tlacuache o tacuache.*

ATOLE (en náhuatl *atolli).* m. Bebida alimenticia muy usual en México y en otros países de América Latina, hecha de harina de maíz disuelta en agua o leche y hervida. También se hace con otras harinas.

—**DAR ATOLE CON EL DEDO** significa engañar a alguien, engatusarle con palabrería melosa. La frase procede de la costumbre que tienen las nodrizas de mojar uno de sus dedos en leche o en *atole,* y colocarlo en la boca del niño para calmar sus lloros mientras llega la hora de darle el pecho.

—**TENER SANGRE DE ATOLE** equivale a ser muy calmoso y no alterarse ni preocuparse por nada. La expresión proviene de la idea que tiene alguna gente de que el *atole* es bebida a la que le faltan sustancia y consistencia.

—**COMO DUEÑO DE MI ATOLE, LO MENEARÉ CON UN PALO.** Refrán mexicano que significa que con lo mío puedo hacer lo que me venga en gana.

—**SI CON ATOLITO VAMOS SANANDO, ATOLITO VAMOS DANDO.** Refrán con el que se da a entender que no debe cambiarse de comportamiento, si con él se va alcanzando el buen éxito deseado.

ATRINCHILAR. tr. Vulgarismo por acorralar a una persona valiéndose sobre todo de los brazos. Se aplica por lo común al hombre que abraza a una mujer y la estrecha contra la pared.
"La tenía bien *atrinchilada* en el zaguán y la besuqueaba toda".

AVERIGUATA. f. Discusión acalorada, altercado, controversia mantenida con exaltación. El término es usual en Sonora y en Tabasco.

AVIADOR, RA. adj. y s. fig. Se dice de la persona que figura en una nómina de empleados y cobra sin desempeñar las tareas correspondientes al sueldo que percibe.
"Es un jefe corrupto y abusivo: tiene de *aviadores* en la oficina a sus hermanos y parientes".

AYATE (del náhuatl *ayatl)*. m. Tela rala y burda, tejida con hilos de fibra de maguey. Los indígenas de diversas regiones de México lo utilizan para cargar frutas y cosas diversas.

BABOSEAR. tr. Tratar a una persona desconsideradamente, despreciándola y humillándola como si fuera *babosa,* tonta, necia.
"Ya es tiempo de actuar con entereza y de no dejarnos *babosear* por ese sinvergüenza".
2. Hacer poco caso de las cosas, incurrir en descuido.
"Es el colmo, dejas el trabajo abandonado y te la pasas *baboseando* en la calle".
3. Tratar entre varias personas, y mal, un asunto determinado; *manosearlo.*
"Son demasiadas personas para resolver un problema tan sencillo. Siento que nada más vienen a *babosearlo*".

BACANORA. m. Aguardiente que se obtiene de cierto tipo de maguey. El nombre proviene de que en el pueblo de Bacanora se destila el aguardiente sonorense de mejor clase.

B

BACHICHA. f. Colilla de cigarrillo o puro.
2. Residuos de comida, restos que dejan los bebedores en los vasos, asientos de pulque.
3. En el estado de Sonora, al significado de residuos o sobras de comida o bebida se le da un sentido extensivo y cierta intención irónica. Las amas de casa ahorrativas y previsoras separan del diario presupuesto las cantidades permitidas por las circunstancias, las *bachichas* del gasto, acumulando un fondo secreto para sus gastos imprevistos del mañana.

BAILAR. intr. En México, además del significado que registra el Diccionario (hacer mudanzas con los pies, el cuerpo y los brazos, en orden y a compás), tiene el de despojar por medios fraudulentos. Se usa siempre con los pronombres *se* y *lo.* La forma procede de la acepción gitana de *bailar,* que equivale a hurtar.
"Se lo bailaron con el gran fraude de terrenos ocurrido hace poco".
2. *Bailar el agua* es otra expresión usual en México, y alude a los coqueteos femeninos.
"Abiertamente y en cuanta oportunidad se presentaba, Catalina le *bailaba el agua* a Julián".

BAQUETON, NA. adj. Dícese del individuo que carece de vergüenza y dignidad. El término deriva del castigo infamante de *la baqueta,* infligido antiguamente en el ejército. En él se desnudaba de la cintura arriba al transgresor y se le obligaba a correr en medio de una valla de soldados, los cuales iban golpeando al reo en la espalda, valiéndose de *baquetas,* varillas de hierro con las que le producían daño considerable. Se suponía que quien sufría el castigo de *la baqueta* era un sujeto despreciable que había perdido todo vestigio de vergüenza. De allí que, para referirse en general a los bribones, el pueblo creó la palabra *baquetón.*

BARBACOA (voz antillana). f. En México, armazón de troncos

verdes colocados dentro de un hoyo en la tierra, a modo de parrilla para cocer carne de borrego.
2. La carne cocinada de esa manera. La *barbacoa* se ha convertido en uno de los platillos típicos de México.

BARBEAR. tr. En nuestro país se le da el sentido de agasajar o adular con finalidades interesadas.
"Con tal de *barbear* al jefe y quedar bien con él, son capaces de empeñar el alma al diablo".

BEBERECUA. f. Acto de tomar bebidas embriagantes. De la persona que gusta en demasía de las bebidas alcohólicas, se dice: "Le encanta la *beberecua*". Es usual en el norte del país la variante *bebereca.*

BICHI. adj. Voz del vocabulario sonorense que significa desnudo, en cueros, sin pelo. Es término que procede de la antigua lengua cahita, en la que tiene la connotación de seco y desnudo. Los indios yaquis lo emplean como propio desde tiempos remotos.

BICHICORI. m. Se dice del individuo enjuto, de escasas carnes. Al igual que el término *bichi*, es palabra cahita, en la que a la fruta seca se le llama precisamente *bichicori*.

BICHOLA. f. Vulgarismo sonorense que designa al órgano genital del hombre. Procede de la voz cahita *bichoro,* testículo.

BILIMBIQUE. m. Este término surgió en México hacia 1913 para designar al papel-moneda emitido por las distintas facciones revolucionarias, mismo que sufría depreciaciones constantes. Se cuenta que un empresario norteamericano, William Bick, acostumbraba pagar al personal de su mina con vales de cobro difícil o imposible. A dicho individuo se le llamaba Billy, diminutivo de William. Y su nombre, Billy Bick, dio origen a la denominación *bilibiques* o *bilimbiques* que se aplicó a los vales que expedía, la cual se utilizó más tarde para aludir despectivamente a los billetes puestos en circulación por los revolucionarios.

BIRRIA. f. Barbacoa caldosa de carne de borrego o de chivo. Es platillo típico de Guadalajara, Jalisco.
2. En sentido figurado, persona o cosa despreciable. Tiene connotación similar en varios países de América Latina.

BIRRIONDO, DA. adj. Dícese del animal, principalmente de la especie vacuna, que se muestra inquieto, asustadizo y aun agresivo, por estar en celo.
2. Hombre enamoradizo y mujeriego. Mujer libidinosa, lujuriosa.
"No pienses que esa mujer está enamorada de ti, aunque te cubra de besos, abrazos y arrumacos tan pronto se encuentra contigo. Lo que sucede es que es una vieja *birrionda*".

BISBIRINDO, DA. adj. Persona vivaracha, de carácter alegre y regocijado. Úsase también como sustantivo.
"Por sus gestos y su sonrisa denotaba de inmediato ser una muchacha desenfadada y *bisbirinda*".

BOCABAJEAR (de boca y abajo). tr. fam. Término mexicano sumamente expresivo. Significa humillar, deprimir, desalentar, someter, poner en ridículo.
El concepto implica un estado anímico, una aceptación sicológica de sometimiento y derrota. Si el sujeto que maniobra para humillar, deprimir o poner en ridículo a alguno no logra doblegarlo moralmente, no le ha *bocabajeado*.
"Era hombre de corazón muy bien puesto y no permitía jamás que lo *bocabajearan*".

BOCHINCHE. m. Baile, reunión o fiesta en donde hay algazara y escándalo.

BONCHE (del inglés *bunch,* racimo, manojo). m. Pochismo que ha invadido las poblaciones de la frontera norte de México y que es empleado incluso por algunos compatriotas del interior. Se aplica a un montón o número considerable de cosas. Su empleo es censurable, ya que nuestra lengua es en extremo rica y expresiva.

BOQUIFLOJO, JA. adj. Persona indiscreta y dada a divulgar cuanto escucha.

BORLOTE. m. Mitote, tumulto, escándalo, bochinche.
"Viejas argüenderas, les encanta andar de *borlote* en *borlote*".

BORREGO. m. fam. Patraña, infundio, noticia falsa. Si se trata de un embuste descomunal, se dice *borrego lanudo.*
"No hagas caso de la gente alarmista que sólo suelta *borregos* para desorientar a los demás".

BOTANA. f. Remiendo que se pone en los agujeros de los odres para que no se salga el vino.
2. Bocado, tentempié con que se acompaña la ingestión de bebidas alcohólicas. El modismo, usualísimo en México, alude figurativamente a los parches o remiendos que se le ponen al estómago para que soporte las picaduras o arremetidas del vino.
3. El gusto por la maledicencia ha acuñado recientemente los términos *botaneo* y *botanearse,* con el significado de murmurar y burlarse de los presentes o ausentes, saboreando sus honras destrozadas a manera de bocadillos.
"Toda la noche nos la pasamos *botaneándonos* a esa poetisa cursi e insoportable".

BOTELLÓLOGO, GA. m. y f. Humorísticamente, en los estados de Tabasco y Veracruz, borracho; o sea: individuo especializado en materia de botellas.

BOTETE. m. Pez del Golfo de California, de cuerpo diminuto y esférico. No es comestible. De un individuo gordo y de baja estatura se dice que *es, parece* o *está hecho un botete.* El uso de este término se circunscribe a los estados de Sonora, Baja California Norte, Baja California Sur y Sinaloa.

BOTIJÓN, NA. adj. Barrigón, barrigudo. El término, muy usual en México y también en Guatemala, indica que la persona así designada semeja una *botija,* vasija de barro redonda y de cuello corto y angosto.
"Cuida de comer menos, pues te has puesto muy *botijón*".

BRONCA. f. Pendencia, disputa, riña. Término usado por lo común en la frase *armarse la bronca.*

BRONCO, CA. adj. Llámase así, entre la gente del campo, al caballo no acabado de amansar y reacio por ello a la rienda y al jinete.
2. Individuo de trato hosco, áspero, falto de pulimento.

BRUJEZ. f. Falta de dinero habitual o transitoria.
"Nos debían tres meses de sueldos y andábamos en la *brujez*".

BULE (del cahita *buleb,* vasija). m. Cierta clase de calabaza, guaje o güira, cuyo nombre botánico es *Lagenaria leucantha.* Con su epicarpio se hacen recipientes para llevar agua potable. En los tiempos prehispánicos se construían plataformas de cañas amarradas entre sí y con *bules* como flotadores, las cuales servían para trasladar pasajeros y mercancías de una orilla a otra de los lagos o lagunas.

—NO NECESITAR BULES PARA NADAR significa tener aptitud y medios para manejarse por sí solo en la vida.

—LLENARSE HASTA LOS BULES quiere decir atiborrarse de comida, hartarse.

—EL QUE NACE PARA BULE, HASTA JÍCARA NO PARA. Los *bules* o guajes se utilizan para hacer jícaras. Y este refrán alude a la imposibilidad de cambiar el destino de quien parece haber nacido para el mal, comparándolo con el *bule*, cuyo fin evidente es convertirse en jícara.

BUSCABULLAS. com. Persona pendenciera, entrometida, rijosa.

CÁBULA. adj. Dícese del individuo tramposo, maligno y socarrón que, entre bromas y veras, comete iniquidades.

CABULEAR. tr. Embaucar, mentir, trampear.

CACAHUATE (en náhuatl, aféresis de *tlalcacahuatl:* de *tlalli,* tierra, y *cacahuatl,* cacao). m. Planta anual herbácea, leguminosa. Su nombre científico es *Arachis hipogaea.* Hay indicios de que el *cacahuate,* que en opinión de algunos procede del Brasil, ya se cultivaba en nuestro país en el siglo XVI, en tierras del actual estado de Cuernavaca.

—**IMPORTARLE A UNO UN SERENADO CACAHUATE** significa no darle la menor importancia a alguna cosa.

CACAO (del maya *kaj,* amargo, y *kab,* jugo). m. Árbol originario de México. Su nombre botánico es *Theobroma cacao.* Mide de 4 a 5 metros de altura y su fruto es una baya oval que contiene granos ovoides de pulpa blanca y sabor agridulce. A la llegada de los españoles, los antiguos mexicanos usaban el *cacao* como moneda y como alimento. Bernal Díaz del Castillo, al describir un banquete en el palacio de Moctezuma, anotó: "...traían sobre cincuenta jarros grandes, hechos de buen cacao, con su espuma..." El cacao se utiliza en la fabricación del *chocolate* (véase), con el cual se prepara la bebida del mismo nombre y mundialmente afamada, cuyo origen es mexicano prehispánico.

CACAYACA. f. Recriminación, baladronada.

CACLES (del náhuatl *cactli,* sandalias). m. Especie de sandalias prehispánicas cuyo uso subsiste en el país. Se les da también el nombre de *huaraches.* Consisten en dos suelas, por lo común de cuero, que se sujetan al pie por medio de correas.
2. Por extensión, todo tipo de calzado.

CACOMIXTLE (del náhuatl *tlaco,* medio, y *miztli,* gato). m. Carnívoro nocturno. Dos especies de este animal son comunes en México: *Bassariscus astutus* y *Bassariscus sumichrasti,* del tamaño aproximado del gato doméstico, pero de cuerpo más delgado, patas cortas y cola esponjada más larga que el cuerpo. Sus orejas son largas y redondeadas, tiene los ojos grandes y muy vivos, y es de color leonado. Su cabeza termina en un hocico puntiagudo.
Los *cacomixtles* duermen de día en las cavidades rocosas o en los árboles huecos. Salen de noche a buscar las presas de las que se alimentan: ratas, ratones, aves pequeñas, peces, ciempiés; huevos de gallina y paloma, y frutas y legumbres. Causan grandes estragos en granjas y gallineros, razón por la cual son combatidos por los campesinos.
2. En lenguaje popular se le llama así al ladrón, sin duda

porque el apócope del término es *caco,* y porque además el cacomixtle sale a robar de noche en los gallineros.

CACHARPA. f. Moneda metálica de escaso valor. Es antiguo localismo del estado de Sonora, donde también se aplica a los espectáculos para niños, ya que la entrada a los mismos en los viejos tiempos costaba una *cacharpa* de diez o veinte centavos. El término se extendió al vecino estado de Sinaloa, donde la última función de los teatros y carpas era a precios populares, por lo que se le decía la *tanda de la cacharpa.*

CACHOREAR. v.r. Zafarse, esquivar con rapidez un encuentro o choque. Alude este verbo a la agilidad de la *cachora,* lagartija de color pardo parecida a la iguana y común en el noroeste de México.

CAJETA (del náhuatl *caxitl,* escudilla, recipiente). f. Dulce de leche azucarada y cocida, típico de la ciudad de Celaya. El nombre procede de que por tradición dicha golosina se expende en recipientes redondos, hechos de madera delgada. Hoy en día, este famoso dulce se vende también en envases de vidrio o plástico.

CAMOTE (del náhuatl *camotli,* tubérculo). m. Planta perenne convolvulácea. Su nombre botánico es *Ipomoea batatas.* Las hojas se utilizan como forraje verde para el ganado, y el tubérculo se emplea como alimento y golosina. La dulcería poblana prepara apetitosa pasta de camote que ofrece en barritas confitadas. Y en Querétaro es popular el camote achicalado es decir, macerado en miel de piloncillo.

—TRAGAR CAMOTE significa callar o hablar dificultosamente por bochorno o temor. La frase alude a la dificultad o imposibilidad de hablar mientras se ingiere camote, que además, dada su consistencia feculosa se atora en la garganta cuando se come a grandes bocados, originando un gesto parecido al de la persona avergonzada o en apuros.

—**PONER A ALGUIEN COMO CAMOTE** equivale a propinarle un fuerte regaño. La expresión es claramente irónica y proviene de que los camoteros acostumbran aplicar a su mercancía, una y otra vez, concienzudas cucharadas de almíbar hasta lograr el punto deseado.

CAPIROTADA. f. Platillo hecho de carne y arroz, y aderezado con trozos de pan y queso.
2. Dulce hecho con pedazos de pan, piloncillo, canela, clavo y queso.
3. Sarcásticamente, se le dice así a la fosa común, en la que los cadáveres de la gente muy pobre o desconocida se entierran revueltos, como los componentes de la *capirotada.*

CAPULÍN (del náhuatl *capuli).* m. Árbol originario de México, de la familia de las rosáceas, de 6 a 12 metros de altura. Su denominación botánica es *Trema micrantha.* Las hojas son lanceoladas y sus flores blancas se agrupan en racimos colgantes. El fruto es pequeño, esférico, comestible y de color negro o rojizo. Del tronco se obtiene madera que se utiliza en carpintería, y con la raíz, corteza y hojas se prepara un jarabe al que se le atribuyen propiedades curativas de las vías respiratorias.

—**OJITOS DE CAPULÍN** se le dice a la persona de ojos negros y redondos.

CARAJADA. f. Acto propio del pillo, del tunante, de la persona que tiene mala fama.

CARAJAL. m. Vulgarismo que equivale a multitud, grupo numeroso, reunión grande de personas o cosas.

C

CARAJO, JA. adj. Dícese del individuo perverso, malintencionado, malévolo. Por ejemplo: "Cuídate de él, pues es *muy carajo*".
2. Interjección o exclamación que denota sorpresa desagradable. *¡Carajo!* Para atenuar un poco la rudeza del término, algunos dicen *¡caracho!*

CARAMBADA. f. Pifia, acción reprobable. Con la partícula *qué* forma una exclamación de sorpresa y disgusto: *¡Qué carambada!*

CARCACHA. f. fam. Así se le dice en nuestro país a cualquier aparato viejo y desvencijado, más comúnmente a un vehículo.

CARGADA. f. Mayoría. *Irse a la cargada*: Sumarse a la mayoría y a la segura. El término es usual en los tejemanejes de la política mexicana y alude a los convenencieros que, tan pronto saben quién es el seguro ganador como candidato a un puesto público importante, corren a manifestarle su adhesión.

CARRASCALOSO, SA. adj. Se dice de la persona agresiva, iracunda, de carácter difícil o intratable. Proviene de la voz *carrascal*, sitio abrupto y pedregoso. Es vocablo de gran poder expresivo, puesto que designa al individuo de genio ríspido como si estuviera lleno de guijarros.
"Ya no te amargues la existencia y perdónalo; no estés de resentida y *carrascalosa*".

CARREREAR. n. Instar a alguno a que haga las cosas de prisa, a la carrera. Es término usualísimo en México.

CASCAREAR. tr. Dedicarse a negocios de poca monta; trabajar miserablemente. El término fue inspirado por la gente patéticamente pobre que, en los mercados, escarba en los desperdicios de la fruta para arrancar de las cáscaras los fragmentos de pulpa comestibles.

"*Cascareando* en una y otra cosa, el pobre anciano se ganaba la subsistencia".

COCOL. m. Pan mexicano en figura de rombo.
2. En Tabasco se usa en sentido figurado como término afectivo y siempre en diminutivo, para dirigirse a los niños muy pequeños: *cocolito*, *ta*.

—**QUEDAR DEL COCOL** significa quedar mal y deslucidamente en algún intento o asunto. Se ignora el por qué de esta expresión.

COCOLAZO. m. Disparo, sobre todo en combate. Es término más bien jocoso.

COLIMOTE, TA. *adj*. Aplícase a la persona oriunda del estado de Colima.

COMAL *(comalli* en náhuatl). m. Utensilio en forma de disco, de barro o lámina, que se emplea para cocer tortillas o tostar granos.

—**EL COMAL LE DIJO A LA OLLA: ¡MIRA QUÉ TIZNADA ESTÁS!** Es refrán que recuerda la sentencia bíblica del hombre que ve la paja en el ojo ajeno y no la viga en el propio.

COMALADA. f. La cantidad de tortillas que cabe en un comal.
2. En sentido figurado, el total de los integrantes de un grupo determinado o de una generación estudiantil.
"Todos ellos son políticos de la misma *comalada*".

CONCHA. f. Forma hipocorística del nombre Concepción, usualísima en México.
2. Pachorra, desfachatez, cachaza.
"¡Pero qué *concha* la tuya! Hace más de tres horas te ordené que arreglaras esa habitación y no has empezado siquiera a barrerla".

C

CONCHABAR. tr. Úsase en México solamente en el sentido de arreglarse con alguien o ponerlo de parte de uno para fines censurables.
"Los dos sujetos se *conchabaron* para estafar al incauto fuereño".

COPAL (del náhuatl *copalli,* resina). m. Con este nombre se designa en nuestro país la resina producida por diversos árboles de la familia de las burseráceas, la cual se quema como incienso y sirve también para fabricar pegamentos y barnices. Se afirma que el *copal* posee propiedades medicinales contra picaduras de animales ponzoñosos.

—¡ÉCHALE COPAL AL SANTO, AUNQUE LE JUMEES LAS BARBAS! Refrán con el que se da a entender que las cosas deben hacerse con decisión, sin temor a las posibles consecuencias adversas.

COPIOSAS (LAS). f. pl. Se les dice así, humorísticamente, a "las copas" de licor.

CORICOCHI. m. Bizcocho sonorense hecho de harina de maíz. Es voz tomada del cahita, antigua lengua del noroeste.

COSCOLINA. f. Buscona, mujer de la vida airada.

COYOTA. f. Especie de bizcocho de color moreno, hecho de masa de trigo y piloncillo, de forma circular y de 15 a 20 centímetros de diámetro. Es golosina del estado de Sonora. Se forma de dos capas que dejan entre sí un espacio hueco. La capa inferior está cubierta con almíbar de piloncillo. El modismo alude a la mujer mestiza llamada *coyota*, hija de india y español, y de piel morena.

COYOTE, TA (*coyotl* en náhuatl). m. y f. Carnívoro del tamaño de un perro de talla mediana y de aullido característico. Su nombre científico es *Canis latrans*. Se alimenta de

animales muy diversos: desde las montañas donde habita baja hasta las playas del mar para buscar tortugas y jaibas, cuyo ataque sabe esquivar; llega también a las rancherías, donde captura y devora aves de corral, borregos o cabras. Es fama que el *coyote* anda siempre hambriento y en busca de alimentos. Sumamente astuto, suele burlar las artimañas de los tlachiqueros, quienes para evitar que los *coyotes* se roben el aguamiel colocan espinas en la cavidad del corazón del maguey y ponen encima una gran piedra. Con todo y eso, hay *coyotes* que logran quitar la piedra, introducir la cola para quitar las espinas y beberse el aguamiel.
2. Individuo que se dedica a ejercer, en los tribunales y dependencias administrativas, la función de intermediario para abreviar trámites y sortear escollos legales. En algunas oficinas públicas los *coyotes* constituyen una auténtica plaga.

CRISTALERO. m. Nombre que se da al ladrón especializado en robar fracturando cristales, ya sea de automóviles o de escaparates comerciales.

CRUZADORA. f. Mujer que roba en los establecimientos comerciales fingiéndose compradora. Las *cruzadoras* operan en grupos de tres, pasándose entre ellas, es decir, *cruzándose* los artículos sustraídos, mismos con los que una de las ladronas abandona rápidamente la tienda. A los hombres que roban en esta forma se les llama *farderos*.

CUACHALOTE, TA. adj. y s. Persona sucia y desaliñada.

CUATE, TA (del náhuatl *coatl,* serpiente, mellizo). adj. ú.t.c.s. Hermano gemelo y, por extensión, amigo íntimo. El origen de este mexicanismo se halla en la cosmología náhuatl, en la que Quetzalcoatl es el lucero de la mañana, pero además es el "gemelo precioso", el *alter ego* de Xolotl. Son comunes las variantes *cuatezón, cuatazo, gran cuate, mero cuate* y *cuatacho.*

CUATRAPEAR, *tr.* Enredar, enmarañar, atropellarse. Se emplea con cierta intención burlesca.
"Con frecuencia se les *cuatrapea* la lengua a los conductores de televisión y dicen una cosa por otra".

CUCUFATO, TA. adj. En algunos lugares del interior del país se le llama así al individuo picado de viruela, cacarizo.

CUCHILEAR. tr. Azuzar, incitar a los perros para que se ataquen.
2. Por extensión, instigar a las personas a pelearse entre sí.
"El problema es exclusivamente entre marido y esposa, así es que no se entrometa y deje de *cuchilearlos*".

CUCHO, CHA. adj. ú.t.c.s. Dícese de la persona que tiene una cicatriz en la boca o en el rostro. Es apócope de la voz cahita *cuchubánsoa,* agalla, puesto que las cicatrices tienen cierta semejanza con las agallas de los peces. El término, originado en Sonora, se ha extendido no sólo a los demás estados de la República, sino a Colombia, Chile y Perú.

CUERO. m. Designación popular aplicada a la mujer o al hombre sensualmente atractivos.
"¡Pero mira nada más que muchachas tan *cueros* vienen allí!"

CUERUDO, DA. adj. Se aplica a la persona carente de dignidad y delicadeza, de quien tolera sin inmutarse afrentas y humillaciones.

CUETE. m. Término arraigado en el habla popular mexicana en su acepción de pistola, revólver.
2. Borrachera. Erróneamente, suponen algunos que este significado es alteración de *cohete*, tomando en cuenta que el ánimo del ebrio suele ser explosivo, detonante. En realidad, el modismo es apócope de Cuextecatl (CUExTECATL), caudillo indíg na de un pueblo del Pánuco, quien fue famoso por sus borracheras.

C

CUILÓN (del náhuatl *cuiloni,* pederasta). adj. y s. Hombre afeminado y pusilánime.

CUITLACOCHE (del náhuatl *cuitlatl,* excremento, y *cochi,* negro). m. Hongo parásito que se desarrolla en la mazorca del maíz. Pese a su repulsivo significado etimológico, se trata de un manjar de la cocina autóctona mexicana. Se suele comer en quesadillas.

CULIEMPINAR (de *culo* y *empinar).* tr. Pintoresco término popular mexicano, por empinar, echar a alguien de cabeza, principalmente en sentido figurado.

CURRINCHE. f. Localismo yucateco por mujer de mal vivir, cusca, pelandusca.

CUSCA. f. Prostituta disimulada, piruja. El término, muy usual en México, proviene al parecer de *cuscuta,* nombre de una planta parásita y chupadora.

CH

CHABELA, LO. fam. Diminutivo de Isabel.

CHACUACO (del náhuatl *chacuac,* humeante, o bien del tarasco *chacuacu,* sahumerio). m. Horno pequeño usado por los mineros para fundir metales. De la persona que fuma en exceso se dice que *fuma como chacuaco.*

CHACUALEAR (hibridismo náhuatl-español: de *chachacuatza,* chapotear en el lodo, y la terminación verbal castellana). v. a. Golpetear el agua o el lodo con los pies o con un objeto.
2. Sonar la herradura o el zapato flojos.
3. Represar el agua de las sementeras con zacate.
4. Comadrear, enredar, chismorrear.

CHACHA. f. Apócope de muchacha.
2. Nana o niñera. Úsase también en España y Puerto Rico.

CH

CHACHALACA (del náhuatl *chachachalaca,* gorjeo o vocear de las aves) f. Ave mexicana de la familia *Cracidae,* cuyo nombre científico es *Ortalis poliocephala.* Mide aproximadamente 60 centímetros y es de plumaje gris y blanco en el cuerpo, con cola larga y ancha de colores verde tornasolado y amarillo. Al volar, vocea desaforadamente, de donde le viene el nombre. Abunda en la zona costera del Soconusco. Su carne es comestible.
2. Por extensión, persona parlanchina.

CHÁCHARA. f. Baratija, cachivache, objeto de poco valor. Esta acepción es usual en todo el país. *Chacharear* es negociar con cháchâras, así como buscar y comprar objetos usados; y *chacharero* es el comerciante en *cháchâras.*

CHAFALOTE. m. Machetón, cuchillo grande v burdo.
2. Vulgarismo para designar el órgano sexual masculino.

CHAFIRETE. m. Designación despectiva que se da en nuestro país a los choferes.

CHAGUA. f. fam. Diminutivo de Isaura y Rosaura.

CHAHUISTLE (del náhuatl *chiahuiztli,* humor que despiden los tumores). m. Enfermedad del maíz y otras gramíneas, caracterizada por las manchas que produce.

—CAERLE A UNO EL CHAHUISTLE significa sobrevenirle enfermedades y desdichas que le abaten.

CHALCHIHUITE (en náhuatl *chalchihuitl,* piedra verde preciosa). m. Denominación indígena dada al jade, a la jadeíta y a otras piedras de color verde, incluso las esmeraldas. Los *chalchihuites* fueron las piedras preciosas y semipreciosas más estimadas por los pueblos prehispánicos. Los aztecas las recibían como tributos de los reinos que hoy en día corresponden a los estados de Oaxaca, Chiapas, Guerrero y Veracruz. La palabra náhuatl *chalchihuitl* y su jeroglífico se usaban también como connotación de lo precioso.

CHALE. com. y fam. Apodo que se da en México al inmigrante chino.
"Te invito a cenar en un café de *chales*".

CHALÍO, LÍA. fam. Diminutivo de Rosalío y Rosalía.

CHALITO. m. Así se le llama en el estado de Morelos al pedazo de carne frita que, al elaborarse, dejan como residuo los chicharrones. *Tierritas* se les dice en Hidalgo.

CHALO, LA. fam. Diminutivo de Gonzalo y Gonzala, de Rosalío y Rosalía.

CHALUPA. f. Pequeña embarcación para una sola persona y propia para navegar en aguas tranquilas. Es usual en Xochimilco.
2. Gordita de maíz, alargada, frita y aderezada con frijoles, hebras de carne, queso, lechuga y salsa de chile. Son famosas las *chalupas poblanas, antojito* local muy apreciado.

CHAMACO, CA (del náhuatl *chamahuac,* grueso, ya que los niños suelen ser gorditos). m. y f. Muchacho, desde la primera infancia hasta la adolescencia. En lenguaje familiar, los *chamacos* son los hijos. *Chamacada* es un grupo de niños y también una acción pueril.

CHAMAGOSO, SA (del náhuatl *chamactic*, burdo, áspero, tosco). adj. fam. Mugriento, astroso, deslucido.
"Date un baño y arréglate un poco, no me gusta verte así de *chamagosa*".

CHAMBA. f. Trabajo de poca importancia y escaso rendimiento. En lenguaje coloquial se emplea como sinónimo de oficio, ocupación o cargo. *Chambear* significa ganarse la vida; *chambeador* es el empleado acostumbrado a trabajar mucho; *chambista,* la persona que tiene varios empleos y cumple mal con todos ellos.

CHAMPOLA. f. Refresco típico del puerto de Veracruz, hecho de guanábana, leche, azúcar y hielo picado.

CHAMPURRADO. m. Atole de chocolate usual en distintas regiones de México.
2. Caballo de color achocolatado.

CHAMUCO. m. Nominativo familiar y festivo del diablo.
2. Bizcocho. Especie de galleta quebradiza y dulce, de forma circular.

CHANATE. m. Variedad de tordo, por lo general totalmente negro, común en el norte y en el noroeste de México, conocido en otras regiones del país como *zanate.*

CHANCE. m. Ocasión, oportunidad. Es anglicismo surgido entre la población latinoamericana del sur de los Estados Unidos. Se ha extendido a México. Debe rechazarse, ya que son grandes los recursos de nuestro idioma y no necesitamos de esta clase de viciosos extranjerismos.

CHÁNCHAMO (en maya chamcham). m. Pequeño tamal de forma ovoide y envuelto en hoja de maíz, típico del sureste de México. Se hace con masa de maíz y lleva dentro carne y achiote.

CHANCHO, CHA. m. y f. Usual en el estado de Veracruz por cerdo, puerco, marrano. El término se emplea también en Centro y Sudamérica.

CHANEQUE. m. En el estado de Veracruz, duende, espíritu travieso.

CH

CHANGARRO. m. Establecimiento comercial pequeño, tendajón. *Changarrear* es ejercer el comercio en un *changarro,* tiendecita atendida por el *changarrero.*

—**CUÍDAME EL CHANGARRO** es expresión coloquial equivalente a *atiende mi lugar mientras me ausento unos momentos.*

CHANO, NA. fam. Diminutivo de Graciano y Graciana, de Feliciano y Feliciana, de Luciano y Luciana.

CHAPARRASTROSO, SA. adj. Sucio, desaliñado, chamagoso. Es alteración de *zaparrastroso.*

CHAPARRO, RRA. s. y adj. Persona de baja estatura.

—**SUERTE CHAPARRA** se le dice en lenguaje familiar a la triste y desdichada.
"Fatalista, se quejaba a todas horas de su suerte tan *chaparra*".

CHAPO, PA (del náhuatl *tzapa,* enano). s. y adj. Chaparro, persona gruesa y de baja estatura.

CHAPOPOTE (en náhuatl *chapopotli:* de *tzauctli,* pegamento, y *popochtli,* perfume). m. Petróleo crudo que brota de la tierra y es arrastrado por los ríos hasta las playas del mar, o bien aflora en las riberas fluviales. En el México prehispánico se utilizaba como combustible y como pegamento. También se le masticaba, mezclado con chicle, para limpiar la dentadura y perfumar el aliento. Hay referencias documentales de que desde los inicios del virreinato se usó, previamente calentado, para calafatear embarcaciones.

CHAPULÍN (del náhuatl *chapulin,* langosta). m. Nombre genérico para todos los insectos acrídicos llamados saltamontes. El término indígena originó muchos topónimos: Chapultepec,

Chapultenango, Chapulhuacan, otros más. Chapultepec significa "en el cerro del *chapulín*".

CHAPURNECO, CA. s. y adj. Llámase así, en el noroeste de México a la persona de baja estatura, desmedrada y pusilánime.

CHAQUETERO, RA. adj. Dícese de la persona acomodaticia, convenenciera, que en la política se cambia de un partido a otro, buscando su beneficio personal. Denominóse *chaquetas* a los voluntarios que encabezó Gabriel de Yermo en la asonada contra el virrey Iturrigaray, aludiéndose a los chaquetones que usaban. Posteriormente se llamó así a los militares realistas, no pocos de los cuales se convirtieron en soldados del ejército del gobierno independiente. De ahí proviene el término *chaqueteros*.

CHARAL (en tarasco *charare,* pescadillo). m. Pequeño pez, de cuerpo comprimido, plateado y casi traslúcido. Vive en lagos y lagunas. Desde los tiempos prehispánicos es utilizado como alimento, cocido al vapor en hojas de maíz, secado al sol, frito o tostado. Posee un alto valor nutritivo.

—ESTAR HECHO UN CHARAL significa estar demasiado flaco.

CHARAMUSCA. f. Dulce acaramelado, de forma alargada y retorcida, hecho de piloncillo o azúcar mezclados en ocasiones con cacahuates, nueces o coco rayado. Es golosina típica de Aguascalientes.

—HACERSE CHARAMUSCA significa, en sentido figurado, mostrarse renuente. Equivale a la expresión *hacerse rosca*.

CHARANDA. f. Nombre que se da a un aguardiente de caña típico de Michoacán.

CHARAPE. m. Bebida fermentada hecha de pulque, piloncillo y otros ingredientes.

CH

CHARCHINA. f. Caballo endeble, desmedrado y lleno de mataduras.
2. Automóvil viejo y en mal estado.

CHARICURINDA (voz tarasca) f. Especie de tamal típico michoacano, hecho con masa de maíz de color.

CHARO. fam. Diminutivo de Rosario.

CHAROLA. f. Bandeja de metal, por lo común charolada. El término es muy usual en México y característico del país. Con el mismo significado, en Guatemala dicen *charol*.

CHARRO. m. Hombre de campo, ducho en la doma y monta del caballo, en las suertes con el lazo y en el manejo del ganado mayor. Viste traje tradicional en extremo vistoso: básicamente sombrero jarano, chaquetilla, pantalón ajustado y botines, indumentaria que en ocasiones se adorna con alamares de oro o plata. Las habilidades del *charro* son frecuente motivo de exhibiciones y competencias. A partir de 1933 la charrería se convirtió en deporte, al ser oficialmente reconocida como tal por la Confederación Deportiva Mexicana.
2. m. y f. Abigarrado, de mal gusto, cursi. Se aplica sobre todo a la indumentaria.

—AUNQUE SOMOS DEL MISMO BARRO, NO ES LO MISMO CATRÍN QUE CHARRO. Refrán de la charrería que da a entender que deben fijarse y respetarse las categorías humanas. Es evidente que fue tomado de otro refrán nacional muy parecido y que tiene igual significado: *Aunque somos del mismo barro, no es lo mismo bacín que jarro*.

CHAVO, VA. fam. Diminutivo de Salvador y Salvadora.

CHAYOTE (del náhuatl *chayutli*, fruta espinosa) m. Planta cucurbitácea originaria de México y cuyo cultivo se ha extendido

a muchos países del mundo. Su nombre botánico es *Sechium edule*. Se trata de una herbácea que trepa por medio de zarcillos. Sus hojas son angulosas y ásperas al tacto. El fruto —carnoso, ovoide, de 10 a 15 centímetros de largo y de color verde oscuro o amarillento— tiene la cáscara cubierta de espinas rígidas. El *chayote* es usado en la cocina mexicana, y la medicina naturista le atribuye propiedades diuréticas.
2. En la jerga periodística, soborno que los funcionarios públicos dan subrepticiamente a los periodistas para tenerlos propicios. La acepción alude a las contrariedades que podría acarrear el dinero recibido en cohecho, y que, por lo mismo, se vuelve tan espinoso y difícil de manejar como un *chayote*.

—PARIR CHAYOTES significa, en sentido figurado, llevar a cabo una tarea tan dificultosa y torturante como lo sería el hecho imposible de dar a luz los espinosos frutos.

CHECAR (del inglés *to check*). tr. Revisar, confrontar, cotejar, comprobar. Anglicismo tan común como reprobable.

CHECHE (del maya *cheech,* llorón). adj. Así se les dice en el sureste de México a los niños llorones y mimados.
2. En el estado de Veracruz, valentón, bravucón.

CHECHONEAR. tr. En Yucatán, mimar demasiado a los niños. Se deriva de *cheche*.

CHELO. f. fam. Diminutivo de Consuelo.

CHELO, LA (del maya *chel,* azul). s. y adj. Así se le dice, en los estados de Yucatán y Tabasco, al individuo rubio y de ojos azules.

CHEMA. m. fam. Diminutivo de José María.

CH

CHENCHO, CHA. fam. Diminutivo de Crescencio y Crescencia.

CHENTE, TA. fam. Diminutivo de Vicente y Vicenta.

CHÍA (en náhuatl *chian,* semillita). f. Semilla de una especie de salvia. Su forma es oval, su color moreno grisáceo y mide unos dos milímetros. Los aztecas la usaban para preparar un aceite secante de excelente calidad, que aún se emplea en la preparación de lacas. Remojada en agua, suelta gran cantidad de mucílago, que con jugo de limón y azúcar forma una bebida estomacal y refrescante: el agua de *chía.*

—COMO LA CHÍA: PRIETA, BABOSA Y FRÍA. Expresión coloquial que alude, ofensivamente, a las mujeres morenas poco avispadas y de temperamento frígido.

CHICAMPIANO, NA. adj. Curioso término usado por la gente del campo para referirse a una cosa de tamaño algo reducido, aunque no completamente chica. Con el mismo vocablo se designa al animal o el fruto que no han alcanzado pleno desarrollo. La forma *piano* yuxtapuesta señala la idea de reducción moderada.

CHICANO, NA. adj. ú. t. c. s. Aplícase al norteamericano de origen mexicano. El término es aféresis de *mechicano,* forma hipocorística de *mexicano.* Actualmente los *chicanos* luchan vigorosamente por el rescate y la afirmación de sus raíces, así como por el reconocimiento de sus derechos.

CHICLE (en náhuatl *tzictli).* m. Gomorresina producida por el tronco del chicozapote *(Achras zapota).* Se obtiene por incisión del árbol, al iniciarse la época de lluvias, o de su fruto, cuando está verde, por ebullición. Abunda en las selvas de Chiapas y Quintana Roo. La costumbre de mascar *chicle* se conoció en México desde los tiempos prehispánicos. Cuando Antonio López de Santa Anna se exilió en los

Estados Unidos llevó consigo algunos trozos de *chicle,* de los que arrancaba bolitas que solía mascar. Un estadounidense, Thomas Adams, lo observó y le pidió una poca de goma para mascarla a su vez. Le pareció agradable y decidió importar de México la materia prima necesaria para industrializar el *chicle,* añadiéndole sabores. La costumbre de mascar *chicle* pronto alcanzó popularidad en Norteamérica y en los demás países del mundo.

CHICHA. f. Bebida fermentada originaria del Perú, donde se hace de maíz. En México se prepara comúnmente de cebada, piloncillo, canela, clavo y piña.

—NI CHICHA NI LIMONADA es expresión que se aplica a lo que se considera insustancial, anodino, mediocre. Análoga al dicho: *Ni pinta, ni tiñe, ni da color.*

CHÍCHARO. m. fam. Llámase así al aprendiz, por lo común niño o jovencito, que trabaja en una peluquería, taller u oficina.

CHICHARRÓN. m. Lonja o trozo de carne de cerdo, de gordura con cuero, frito en su propia manteca. Es vianda popular mexicana.

—DAR CHICHARRÓN A ALGUNO significa, en sentido figurado, darle muerte.

—AQUÍ NOMÁS MIS CHICHARRONES TRUENAN. Dicho popular que equivale a decir: *Aquí mando yo y por lo mismo sólo se hace lo que mando y ordeno.*

CHICHI (del náhuatl *chichi,* mamar). f. Vulgarismo por teta, pecho, seno, mama, ubre.

—PEDIR CHICHI significa solicitar protección o trabajo de modo humillante, semejándose al niño pequeño que llora para que le den el pecho.

—BUSCARLE CHICHIS A LAS CULEBRAS es dicharacho que alude a las acciones disparatadas, puesto que las culebras carecen de *chichis.*

CHICHÍ. f. fam. Voz maya utilizada en Yucatán para designar afectuosamente a la abuela o a la nana o nodriza vieja que vive en casa.

CHICHICASTLE (del náhuatl *tzitzicastli,* ortiga). m. Nombre dado a unas 16 plantas diferentes, pertenecientes casi todas ellas a las familias de las euforbiáceas y urticáceas. Dase asimismo este nombre a una planta acuática *(Lemna minor)* sumamente pequeña y usada como alimento de aves, a la que se da también el nombre de *lentejilla.* Medra en lagos, lagunas y aguas estancadas.
2. fig. fam. Dícese del individuo sarcástico, mordaz, dado a las burlas sangrientas y, por ello mismo, comparable a la ortiga.
"Hay que cuidarse de su lengua viperina, ya que ese individuo es un verdadero *chichicastle*".

CHICHICUILOTE (en náhuatl *tzitzicuilotl).* m. Pequeña ave acuática que vive en las aguas poco profundas de lagos y lagunas. Es zancuda, de pico largo y delgado, y plumaje blanco y gris. Muere pronto en cautiverio, al parecer de tristeza.

—PIERNAS DE CHICHICUILOTE se le dice a la persona de extremidades inferiores flacas y largas.

CHICHINAR (del náhuatl *chichinoa,* quemado). tr. Achicharrar, chamuscar, quemar.

CHICHO, CHA. fam. Diminutivo de Narciso y Narcisa.
2. adj. Modismo por bonito, bueno, fino. Es lo contrario de *gacho.*

CH

CHIFLÓN (del verbo castellano *chiflar).* m. Viento colado o corriente de aire cortante. Es usual en nuestro país el derivado *chiflonazo,* viento colado que sopla con gran fuerza.
2. Caño o canal por donde brota el agua con ímpetu.
3. Derrumbe de piedra suelta en el interior de una mina.

CHILANGO, GA (del maya *xilaan,* pelo revuelto) adj. y s. Sobrenombre creado por los veracruzanos para designar al mexicano de la capital del país.

CHILAQUILES (del náhuatl *chilli,* chile, y *quilitl,* yerba comestible). m. pl. Guiso mexicano de tortillas de maíz despedazadas, salsa de chile, caldo y queso espolvoreado.

CHILATOLE (del náhuatl *chilli,* chile, y *atolli,* atole). m. Bebida de atole de maíz con chile, azúcar o piloncillo, y epazote.

CHILE (en náhuatl *chilli).* m. Planta solanácea, originaria de América. Su nombre botánico es *Capsicum annum.* Las hojas son de forma lanceolada; y las vainas —verdes, rojas o negruzcas— son los *chiles,* ese condimento que de modo tan abundante se emplea en la cocina mexicana.
2. fig. Vulgarismo con el que se designa al miembro viril.

—ANDAR A MEDIOS CHILES quiere decir andar borracho a medias.

—PEOR ES CHILE Y AGUA LEJOS. Expresión que, con sentido jocoso, recomienda conformidad ante un mal determinado, recordando que hay cosas peores, como ingerir *chile* y no tener agua a mano para refrescar el picor.

—NO LE TENGAS MIEDO AL CHILE, AUNQUE LO VEAS COLORADO. Significa que las apariencias suelen engañar, pues el *chile,* al que se le teme por picante, es sin embargo sabroso. A veces la expresión se emplea con doble sentido, puesto que *chile,* según se dijo, es el nombre que se le da en ocasiones al miembro viril.

CH

CHILPACHOLE (del náhuatl *chilli,* chile y *patzolli,* cosa revuelta). m. Nombre de un guiso típico veracruzano hecho a base de jaibas.

CHILPAYATE (del náhuatl *chilpayatl,* niño). m. Mexicanismo sumamente común para designar al niño de corta edad.

CHILTEPÍN (del náhuatl *chilli,* chile y *tecpin,* pulga). m. Nombre de cierta clase de chile, de color verde que pasa al rojo cuando madura, diminuto, muy picoso y de forma esférica. Se le llama también *chile piquín* o *chile pulga.*

2. Por extensión, persona de carácter iracundo o que por algún motivo se deja dominar por la ira.
"Alterado por sus ofensas, se puso hecho un *chiltepín*".

CHILTOMATE (del náhuatl *chilli,* chile, y *tomatl, tomate).* m. Salsa de tomate molido con chile en molcajete.

CHILLA. f. Falta de dinero, extrema pobreza, brujez.

—ESTAR EN LA QUINTA CHILLA significa estar en la mayor miseria, no tener ni en qué caerse muerto.

CHIMISCLÁN. m. Especie de bizcocho, cocol de poca calidad.

—¿YA NO TE ACUERDAS COCOL DE CUANDO ERAS CHIMISCLÁN? Dicho que se aplica al individuo engreído con su nueva y elevada posición, al que se le recuerda el modesto nivel del que procede. Se considera que el *chimisclán* es el pariente pobre del *cocol.*

CHIMISCOLEAR (del náhuatl *cem-ixcolli,* un trago). m. Expresión del habla popular que significa andar metiéndose en casa ajena para chismorrear, aduciendo que se acude a solicitar un trago de café, o con cualquier otro pretexto.
"Viejas metiches, mejor sería que se ocuparan del quehacer de sus casas y no anduvieran de *chimiscoleras*".

CH

CHIMISTURRIA. f. Mixtura hecha de varias bebidas, por lo general embriagantes; campechana.
2. Artificio de estructura confusa, embrollada, difícil de operar.
"Ven y pon a funcionar el aparato, pues yo no le entiendo a esa *chismisturria*".

CHIMOLE (del náhuatl *chilmulli,* salsa de chile). m. Especie de mole ordinario.
2. Por extensión, a los guisos en general se les dice *chimoles,* y *chimolero* o *chimolera* a la persona que hace y vende comida.

CHIMUELO, LA. adj. y s. Término sumamente usual en México. Se aplica a la persona a la que le faltan una o más piezas dentales.

CHINAMPA (del náhuatl *chinamitl,* cerca de cañas). f. Terreno de poca extensión, en las lagunas vecinas a la ciudad de México, donde se cultivan verduras y flores. Los habitantes prehispánicos del valle de México, careciendo de suficientes terrenos de cultivo, discurrieron formarlos artificialmente con un tejido de varas y carrizos, sobre el que amontonaban lodos lacustres. Tales huertos y jardines fueron en un principio flotantes y mudaban de sitio al arbitrio de los dueños, como embarcaciones. Al disminuir el agua de los lagos, las *chinampas* fueron quedando fijadas en el fondo, ofreciendo el aspecto de un campo cortado en rectángulos por multitud de canales. Con la desecación progresiva del lago de Xochimilco y la urbanización desmedida de la ciudad de México, las *chinampas* van desapareciendo gradualmente y corren el riesgo de extinguirse por completo.

CHINGAR (posiblemente del náhuatl *xinaxtli,* aguamiel fermentado). tr. La voz y sus derivados se emplean en casi toda América Latina y en algunas regiones de España, asociados a las bebidas, embriagantes o no. En varios países sudamericanos equivale a molestar, zaherir, agraviar, y el verbo implica la idea de fracaso. Pero es en México donde el término adquiere un mayor número de significaciones, todas ellas ligadas al concepto de la violencia, y todas ellas vinculadas a entrañables formas nuestras de ser y sentir. El poeta y escritor mexicano Octavio Paz es sin duda quien ha analizado el vocablo y sus derivados con mayor penetración y agudeza. Y resulta imprescindible recurrir a lo que al respecto dice en su famoso libro *El laberinto de la soledad,* donde leemos:

"Es una voz mágica. Basta un cambio de tono, una inflexión apenas, para que el sentido varíe. Hay tantos matices como entonaciones: tantos significados como sentimientos. Se puede ser un chingón, un Gran Chingón (en los negocios, en la política, en el crimen, con las mujeres), un chingaquedito (silencioso, disimulado, urdiendo tramas en la sombra, avanzando cauto para dar el mazazo), un chingoncito. Pero la pluralidad de significaciones no impide que la idea de agresión —en todos sus grados, desde el simple de incomodar, picar, zaherir, hasta el de violar, desgarrar y matar— se presenta siempre como significado último. El verbo denota violencia, salir de sí mismo y penetrar por la fuerza en otro. Y también, herir, rasgar, violar —cuerpos, almas, objetos—, destruir. Cuando algo se rompe, decimos: "se chingó". Cuando alguien ejecuta un acto desmesurado y contra las reglas, comentamos: "hizo una chingadera". . .

"La palabra chingar, con sus múltiples significaciones, define parte de nuestra vida y califica nuestras relaciones con el resto de nuestros amigos y compatriotas. Para el mexicano la vida es una posibilidad de chingar o de ser chingado. Es decir, de humillar, castigar y ofender. O a la inversa. Esta concepción de la vida social como combate engendra fatalmente la división de la sociedad en fuertes y débiles. . ."

CH

CHÍNGUERE. m. Aguardiente común.
2. Variante de *chinguirito* (véase).

CHINGUERO. m. Vulgarismo por abundancia de cosas o personas.

CHINGUIRITO. m. Aguardiente de caña. El *chinguirito* fue una bebida prohibida con rigor a finales del virreinato, hasta que por bando del 7 de diciembre de 1796 quedó permitido, si bien gravado con fuertes impuestos.

CHINTO, TA. fam. Diminutivo de Jacinto y Jacinta.

CHIPICHIPI (del náhuatl *chipini, gotear).* m. Onomatopeya para referirse a la llovizna constante. La ciudad de Orizaba, en el estado de Veracruz, se caracteriza por el *chipichipi* que cae en ciertas épocas del año.

CHÍPIL (del náhuatl *tzipitl,* gritón, llorón). adj. Dícese del niño enfermizo, llorón y caprichoso a causa de encontrarse nuevamente encinta la madre.

CHIPILEAR. tr. Consentir, minar. Se deriva del término *chípil,* y da a entender que se mima a alguien como si se tratara de un niño desganado y caprichoso por la preñez de la madre.

CHIPILINGO, GA. fam. Se dice del niño de muy corta edad. Dícese también *chiquilingo.*
"La más graciosa y bonita de las hermanas es la *chipilinga*".

CHIPITURCO. m. Modismo por saco o gabán de hombre.

CHIPOTE (del náhuatl *xipotli,* chichón, hinchazón). m. Inflamación en la cabeza provocada por un golpe.

CHIQUEAR. tr. Mimar excesivamente, tratar con blandura y regalo, como a veces se hace con los chicos.

2. Hacerse de rogar, mostrando caprichos y melindres. "Cuando las mujeres se saben amadas, les da por *chiquearse* mucho".

CHIQUERO. m. Establo, corral de cerdos, ovejas o terneros.
2. Lugar sucio y desordenado.
"Es demasiado desidiosa y su casa es un *chiquero*".

CHIQUIHUITE (en náhuatl *chiquihuitl).* m. Cesto o canasta sin asas, tejido con tiras de carrizo tierno.

CHIQUIHUITEAR. tr. Práctica de hechicería con la que brujos y curanderos pretenden, por medio de un *chiquihuite,* descubrir al autor de un hurto.

CHIQUITURRIO, RIA. fam. Muy chico. Provincialismo que tiene sentido afectivo y es de uso en el norte del país.

CHIRGO, GA. adj. Modismo común en Guanajuato, por débil, raquítico, enclenque.

CHIROTEAR (del ópata *chirorai,* correr). v. n. Saltar, brincar, correr, retozar. Refiérese a los juegos bruscos de los chicos, a su traveseo violento y revoltoso. La palabra *chirota,* derivada de este verbo, significa muchacha afecta a los juegos hombrunos y rudos; y es común en Chihuahua, Sonora y Sinaloa.

CHIRRINGO, GA. adj. Enclenque, raquítico, arrugado. Es modismo veracruzano.

CHIRRIÓN. m. Látigo burdo, hecho de correas retorcidas, y sujeto a un mango corto de madera.
2. Expresión de asombro. *¡Ay, chirrión!*

—¡HAZTE ARCO, CHIRRIÓN DEL DIABLO! Exclamación usada para infundir ánimo.

CH

—VOLTEÁRSELE A UNO EL CHIRRIÓN POR EL PALITO significa convertirse de acusado en acusador, volvérsele la situación en contra. *Chirrión* es el látigo, y el *palito* su mango.

CHIRRIONERA. f. Nombre de cierta culebra no venenosa que azota con la cola, como con un *chirrión*. Es más gruesa y larga que la víbora de cascabel. Su nombre científico es *Masticophis flagellum.* Para defenderse, la *chirrionera* infiere latigazos que producen dolor y dejan verdugones.

CHISMECALIENTE. adj. Expresión típicamente mexicana que se aplica al individuo dado a indagar y esparcir chismes.

CHISPAR. tr. Zafar, evadir, escapar, ausentarse súbitamente. Tales acepciones son exclusivas de México. La de *chismear,* que registra la Academia, no se acostumbra en nuestro país.

CHITO. m. Carne salada y seca de chivo o de carnero.
2. Guiso de carne de chivo frita en su propio sebo y aderezada con chile.

CHIVA. f. Usado en plural designa al conjunto de cobijas y utensilios de uso personal. Es término tomado de la jerga carcelaria. En las prisiones era usual el grito dado a los reclusos: *¡A la reja con todo y chivas!*
2. Trebejo, mueble, bártulo. Es evidente que de la denominación *cachivache* (vasija, utensilio, trebejo) el vulgo extrajo el vocablo *chiva*.

CHIVEAR. intr. Expresión populachera que equivale a turbarse, apabullarse, abochornarse.
"Al escuchar aquellos audaces piropos, la joven se *chiveó* visiblemente".

CHIVERO, RA. adj. Contrabandista. Denominación aplicada al individuo dedicado a introducir fraudulentamente al país artículos y enseres diversos, es decir, *chivas,* cachivaches, *fayuca* (ver).

CHIVO. m. Salario, sueldo, paga. La curiosa acepción, cuyo origen se desconoce, es empleada solamente en México.

¡CHÓCALA! fam. Exclamación con la que se invita a alguno a estrechar amistosamente la mano, o a *chocar* la copa como expresión de buenos deseos.

CHOCOLATE (del náhuatl *xocolia,* acedar, fermentar, y *atl,* agua; o sea, bebida fermentada. Para otros el término procede del maya *chokol,* caliente, y *haa, líquido).* m. Pasta hecha de cacao y azúcar molidos, a la que por lo general se le añade canela o vainilla.
2. Bebida que se hace de dicha pasta, desleída y hervida en leche o en agua.
El *chocolate,* bebida de consumo mundial, es de origen mexicano prehispánico. Los aztecas tomaban una bebida hecha de maíz y cacao tostado, antecedente indudable del *chocolate* tal y como es conocido.

—COMO AGUA PARA CHOCOLATE significa estar iracundo, irritado, acalorado por la cólera. El agua para disolver el *chocolate* debe estar en ebullición.

—COMO EL BUEN CHOCOLATE, QUE NO HACE ASIENTOS. Dicho mexicano que hace referencia a la tarea depurada en procedimientos y resultados. Según los conocedores, el buen chocolate no debe dejar sedimentos.

CHOCOLOMO (del maya *chokol,* caliente y el castellano *lomo).* m. Platillo típico de Yucatán, hecho de carne de res, tomate y otros ingredientes.

CHOCHO. m. Vulgarismo con el que se designa al órgano genital de la mujer.

CH

CHOLE. f. fam. Diminutivo de Soledad.

YA CHOLE VENDIÓ LA CASA. Eufemismo para expresar que alguien ya fastidia, que ya es ingrata su presencia. O sea: *ya CHOcas.*

CHOMITE (en náhuatl *tzomitl).* m. Falda sin costura que acostumbran usar las mujeres indígenas del país.
2. Por extensión, el trasero de la mujer.

—CALENTÁRSELE EL CHOMITE. Dicharacho con el que se da a entender que una mujer está perdidamente apasionada de un hombre; que está en celo.

CHON, NA. fam. Diminutivo de Concepción y Encarnación.

CHONGO. m. Moño de pelo recogido en la parte posterior del cráneo.
2. Dulce típico mexicano que se hace con pan frito en mantequilla y cocido en miel de piloncillo.

—AGARRARSE DEL CHONGO significa trabarse dos mujeres en trifulca.

CHORCHA (del inglés *church,* que además de significar iglesia alude a congregación). f. Tertulia de amigos caracterizada por la informalidad y el desenfado.

—HACER CHORCHA es reunirse con amigos para pasar el rato.

CHORIDO, DA. (del cahita *choio,* marchito). adj. Ajado, enjuto, seco, macilento. Es palabra que pertenece al habla de Sonora.

CHOROTE. m. Bebida refrescante típica de Tabasco, hecha con maíz cocido, cacao tostado y azúcar. Se sirve fría.

CH

CHORREADO. m. Refresco típico de Yucatán, hecho con chocolate espeso y hielo.
2. En el Bajío, bebida refrescante preparada a base de almendras.
3. En el estado de Guerrero, bebida embriagante hecha de café, leche, azúcar y aguardiente de uva.

CHORREADO, DA. adj. Sucio, mugriento, lleno de manchas.

CHORREARSE. pr. Ensuciarse, pringarse.
2. Derrapar un vehículo de motor al no obedecer los frenos.
3. Entre los charros, se dice de la reata tensa y sujeta a la cabeza de la silla de montar, que resbala al tirar de ella.

CHOTEAR. tr. Abaratar en exceso una mercancía.
2. Desacreditar alguna cosa, hacer que los demás pierdan el interés en ella al vulgarizarla demasiado.
"Me gustaba esa canción, pero ya no me agrada, pues la han *choteado* los muchos cantantes que la interpretan".

CHUCHO, CHA. fam. Diminutivo de Jesús, Jesusa y María de Jesús.

—SER UNA CHUCHA CUERERA equivale a ser astuto, mañoso, lleno de ardides y experiencia.

CHUCHUL (voz maya que significa seco, pasado). com. Persona anciana. El término es de uso en Tabasco, Campeche y Yucatán, donde por lo general se emplea en afectuoso diminutivo: *chuchulito*.

CHUCHULUCO (del náhuatl *chocholoqui,* cosa burda). m. Tamalito de frijol, típico del estado de México.
2. Pastelillo corriente.
3. Por ampliación, golosina de poco precio.

CHUMA. f. Embriaguez, borrachera. Es localismo de Tabasco, donde al ebrio le dicen *chumo*.

CH

CHUNCO, CA. adj. Querido, amado. Expresión afectiva empleada en Oaxaca.

CHUPAR. v. n. Vulgarismo por ingerir bebidas alcohólicas.

CHUY. fam. Diminutivo de Jesús, Jesusa y María de Jesús.

CHUYAR (del maya *chuy*, ave de rapiña). tr. En el habla popular de Yucatán, robar, hurtar.

DAÑISTO, TA. adj. Dícese de la persona dada a molestar a los demás, a causarles daño. El término es común en el habla popular de Cihuahua, Sonora y Sinaloa.

DAR. v. a. A este verbo se le confieren en México usos bien particulares. Por ejemplo, con él se forma una curiosa frase pleonástica, *dar dado,* aplicada a quien da sin recibir retribución o recompensa, así como a quien se deja vencer sin oponer resistencia.

—DAR EL ALA POR COMERSE LA PECHUGA es expresión con la que se da a entender que se concede algo de poca importancia, con tal de obtener lo mejor.

—DAR BATERÍA es responder satisfactoriamente el hombre a las necesidades sexuales de la mujer.

D

—**DAR EN LA TORRE, O EN LA MADRE** equivale a herir a alguno en lo vivo, en lo recóndito; o bien, vencer al adversario, dejarlo fuera de combate.

—**DAR PALOMA.** Expresión usual en el sureste, por galantería, caballerosidad.

—**DAR UNA MANO, O UNA MANITA** significa prestar ayuda o colaboración para una tarea determinada.

—**DARSE LAS TRES** significa darle al cigarrillo de marihuana las tres chupadas de rigor para *engrifarse* (véase).

—**DARSE TACO, O PAQUETE** es darse importancia, presumir, pavonearse.

—**ESTAR DADO AL DIABLO, O A LA TRAMPA** equivale a estar en malas condiciones —ya sea de salud, pecuniarias o anímicas—; tratándose de objetos, hallarse éstos en malas condiciones de uso o de servicio.

¡A DARLE, QUE ES MOLE DE OLLA! Dicho con el que se insta a hacer las cosas sin vacilaciones ni demoras, por considerarlas placenteras u oportunas. Aseguran los conocedores que el mole de olla es platillo suculento, por lo que no debe desaprovecharse la oportunidad de disfrutarlo.

DENSO, SA. adj. Pesado, antipático, *sangrón* (véase).
"No me agrada la compañía de esas señoras, pues son personas muy *densas*".

DERRAPAR (del francés *déraper,* patinar). intr. Patinarse, resbalar un vehículo, en vez de rodar, a causa de lisura en los neumáticos o del suelo mojado. Es galicismo que ha tomado carta de naturalización entre nosotros.
2. Desvivirse por alguien.
"Juan *derrapa* por Lupita, no puede estar sin ella".

D

DESABURRIRSE. pr. Quitarse el aburrimiento, divertirse. La expresión, usual en México, suele oírse también en Centroamérica.

DESAPARTAR. tr. Curiosamente, nuestro pueblo acostumbra emplear este verbo como sinónimo de apartar, cuando realmente, por incluir la preposición inseparable *des,* significa lo contrario, es decir, unir o juntar.

DESBALAGAR. v. pronal. Dispersar, esparcir. La voz es originaria de Andalucía. Para los gitanos españoles, *balagar* es el haz o montón de forraje, y *desbalagar* significa desparramar la paja del *balagar;* por extensión, equivale asimismo a disgregarse un grupo de personas. Sin conocimiento de dicho significado, al pueblo mexicano le sedujo la expresiva sonoridad del término y lo incorporó de buen grado a su léxico.

DESBARRANCAR. tr. Arrojar a un barranco.
2. Caer en él.
3. Desplomarse desde un lugar alto.
4. Perder de pronto una buena posición social o económica.

DESBARRUMBAR. tr. Caer al suelo, estrepitosamente, un altero de objetos amontonados. Es provincialismo del estado de Tabasco y al parecer constituye una alteración del verbo *derrumbar*, aunque es notorio que posee mayor fuerza expresiva que éste.

DESCOLGARSE. pr. Aparecer inesperadamente una persona en algún lugar. Aunque la palabra se encuentra registrada en el Diccionario, cabe hacer notar que es en México donde el término tiene mayor vigencia.
"Aunque nadie me invitó, *me descolgué* en la fiesta como a las diez de la noche".

D

DESCOLÓN. m. Desaire, afrenta, desprecio, negativa áspera. Se usa por lo general en la frase *dar a uno un descolón.*

DESCONCHABARSE. pr. Dislocarse una coyuntura del cuerpo.
2. Desavenirse, inconformarse las personas.

DESCONCHINFLAR. tr. Desarticular las piezas de un aparato, o las diversas partes de un todo.
2. Enfermar, decaer del cuerpo o del ánimo.
"La gripe me trae todo *desconchiflado*".

DESCONTÓN. m. Golpe alevoso que deja inconsciente o imposibilitada a la víctima.

DESCUAJARINGAR. tr. Estropear, destartalar, desvencijar.
2. Debilitarse por la enfermedad o el cansancio.
El término, originario de México y usualísimo en el país, se oye asimismo en otros países hispanoamericanos y en ciertas regiones de España.

DESCHARCHAR (del inglés *discharge,* remover de un cargo). v. a. Destituir a alguno de su puesto o empleo. Es anglicismo usual en la frontera norte de México, donde se le da un sentido burlesco.

DESEMPANCE. m. Acto y efecto de aliviarse del supuesto o real malestar causado por el hartazgo de comida o bebida, con nuevas raciones. Los glotones y los dipsómanos invocan el *desempance* para seguir comiendo o libando.
"Ándele, mi amigo, tómese una cervecita para el *desempance*".

DESFIGURO. m. Acto o cosa extravagante, hecho ridículo. Se aplica con los verbos *hacer, decir o poner:* No hagas, no *digas, no te pongas desfiguros.*

DESGARRIATE. m. Desbarajuste, desorden, alboroto, alteración del orden. El modismo, sumamente expresivo, proviene de *desgarrar, rasgarse* algo.

DESGRACIAR. tr. Desvirgar a una mujer con ruines intenciones y valiéndose de malas artes.

DESGUACHIPADO, DA. (del náhuatl *chipahua,* hermoso, aseado). adj. Dícese de la persona que viste descuidadamente, que lleva la ropa desarreglada.

DESGUANGÜILADO, DA. adj. Desfallecido, debilitado. Del verbo castellano *desgoznar*, que significa quitar o aflojar los goznes, se formó el mexicanismo *desguanzo,* que equivale a *cansancio;* y de este sustantivo surgió el adjetivo *desguanzado,* al que se le añadió una proposición final que proviene de *güilo,* que quiere decir endeble, creándose el término que nos ocupa, *desguangüilado,* que expresa la idea de un gran desfallecimiento.

DESGUANZO. m. Falta de fuerza y vigor.

DESPEPITAR. intr. Revelar, manifestar lo que se guardaba en secreto.
"Presionado por sus interrogadores, uno de los acusados *despepitó* cuanto sabía".

DESPUESITO. fam. Diminutivo del adverbio *después,* con el cual se significa *dentro de un momento, un poco después de ahora.* Se trata de uno de esos diminutivos que son típicos del habla popular mexicana y constituyen parte inseparable de nuestra idiosincrasia.

DESTAPE (del verbo destapar). m. Acción de dar a conocer el nombre del seguro ganador en las elecciones para ocupar un puesto de importancia en la administración pública, específicamente la presidencia de la República. Se trata de un término muy mexicano y característico de nuestra especialísima política nacional, con el cual se da a entender que la identidad del elegido permanecía oculta, cubierta, *tapada;* pero al fin se da a conocer en el acto ritual del *destape,* o proclamación del candidato nominado.

DESTORLONGADO, DA. adj. Persona que hace las cosas sin orden ni concierto.

DIABLAL. m. Muchedumbre, gran cantidad, conjunto numeroso.

DILATAR. v. n. ú. t. c. tr. Tardar, retrasar, demorar. Es muy usual en México dar tal sentido a este verbo. Por cierto que, pese a ser impugnada por puristas no informados, la acepción tiene rango etimológico irreprochable, ya que en latín *dilatio* es dilación, prórroga, detención.

DON NADIE. m. Pobre diablo, quídam, un cualquiera. También se dice un *don petate.*

DOS CARAS. com. Dícese de la persona hipócrita, llena de dobleces en su comportamiento.

DROGA. f. Deuda. *Endrogarse o echarse drogas* es endeudarse. Estas acepciones son usadas únicamente en México y en Perú.

ECHADA. f. Jactancia, fanfarronada, baladronada.

—SON MÁS LAS ECHADAS QUE LAS QUE ESTÁN PONIENDO. Dicho que se emplea para poner en evidencia, eufemísticamente, al individuo vano o jactancioso, al *echador.*

ECHADOR, RA. adj. Persona que miente y alardea para darse importancia. De quien se comporta así, se dice que *se las echa,* o que *le gusta echárselas;* o sea, presumir de méritos, posesiones o valimientos.

ELOTE (en náhuatl *elotl).* m. Mazorca tierna de maíz que, asada o cocida, se consume como alimento.

EMBARRAR. tr. Involucrar a alguien en un acto delictuoso, inconveniente o desagradable.

2. **EMBARRAR LA MANO** es expresión común en el país,

equivale a cohechar, sobornar.
"Cómo no va a estar de su parte, si ya le *embarró* la mano".

EMBICHAR (del cahita *bichi,* desnudo). tr. Desnudar, encuerar. Es voz común en el estado de Sonora.

EMBIJAR. tr. Ensuciar, embarrar, manchar.

EMBOLSARSE. pr. Apropiarse ilícitamente de una cosa ajena.

EMBROMAR. tr. Hacer perder el tiempo.
2. Entretener a alguien con ofrecimientos que no se han de cumplir.

EMPELOTARSE. pr. Enamorarse apasionada, perdidamente de alguien.

EMPERICARSE. fig. Encaramarse, treparse a un lugar.

ENCABRONAR. v. r. Disgustar, irritar. Contra lo que pudiera suponerse, el término no procede del vocablo en el que se piensa, sino que es de origen castizo. Proviene de *encambronar*, verbo reflexivo anticuado que significa ponerse tieso, cuellierguido, como persona que estuviera enfadada.

ENCAJARSE. pr. Abusar, aprovecharse de la necesidad, bondad o amistad de alguien para sacar ventaja.

ENCAJOSO, SA. adj. y s. Individuo que se vuelve insoportable por abusivo, confianzudo o pedigüeño. El vocablo es usualísimo en México.

ENCAMPANAR. tr. Entusiasmar con la realización de una determinada empresa, o con tal o cual cosa.

ENCARGO. m. La frase agarrar de encargo denota que una persona se ha propuesto molestar, hostilizar a otra.

ENCIMITA. adv. Curioso diminutivo del adverbio *encima*. Es típico de nuestro país.

ENCIMOSO, SA. adj. Dícese del niño que gusta de entrometerse en las reuniones de adultos, para que éstos lo sienten *encima* de sus piernas y lo mimen.
2. Persona que, sin haber sido invitada a hacerlo, se acoge a la compañía o protección de alguno.
"Iremos a alojarnos en un hotel, pues no me gusta que lleguemos de *encimosos* a casa de mis tíos".

ENCUETARSE. pr. Vulgarismo por embriagarse, ponerse un *cuete*.

ENCULARSE. pr. Apasionarse de alguien, *empelotarse*. La expresión es usual entre el populacho.

ENCHILADAS. f. y pl. Típica vianda nacional hecha de tortillas de maíz, manteca, mole o salsa de chile, cebolla y queso.

ENCHILARSE. pr. Encorajinarse, enfurecerse.

—NO ES COSA DE ENCHÍLAME OTRA. Frase con la que se replica a quien solicita se haga algo, para darle a entender que la realización de lo que pide no es tan fácil como supone. *Enchilar* una tortilla más no es difícil para la guisandera que está haciendo *enchiladas.*

ENCHINCHAR. tr. Quitarle el tiempo a un comerciante con preguntas, y a fin de cuentas no comprarle.

ENCHUFAR. intr. Hallar acomodo en un cargo o empleo.
"No tiene problemas económicos, pues está bien *enchufado* en el gobierno".

ENFLATARSE. pr. Malhumorarse, ponerse de flato (véase).

E

ENGARATUSAR. tr. Ganar la voluntad de una persona con mimos y halagos, a fin de obtener algo de ella. Es evidente alteración de *engatusar.*

ENGARRUÑAR. tr. Encoger los dedos o el cuerpo, doblándolos a manera de garras de uñas corvas. Posible alteración del verbo castellano *engurruñar,* y tan expresiva como él.
"Los pobres niños permanecían en un rincón, temblorosos y *engarruñados* a causa del frío".

ENGRIFARSE. pr. Irritarse, encolerizarse. El término es extraordinariamente expresivo, pues nos hace pensar en el *grifo,* monstruoso animal mitológico.
2. Alterarse por efecto de la *grifa* o marihuana.

ENQUERIDARSE. pr. Amancebarse, juntarse un hombre y una mujer en unión libre.

ENTROMPARSE. pr. Vulgarismo por enfadarse. También se dice *ponerse de trompa* o *estar de hocico.* Las personas enojadas suelen fruncir y levantar la boca.

ENTUCHAR. tr. Retener la mujer al hombre valiéndose de sus encantos y habilidades sexuales. *Tuche* se le llama en el sureste al órgano genital de la mujer.

ENYERBAR. tr. Adueñarse de la voluntad de una persona del sexo opuesto, por medio de algún bebistrajo de hierbas. La gente del pueblo cree en estas prácticas de hechicería.

EQUIPAL (del náhuatl *icpalli, asentadero).* m. Especie de silla o silloncito de carrizo, otate o bejuco, en forma de canasto invertido y con respaldo cóncavo. Es utensilio de origen prehispánico.

EQUIPATA (del tarahumara *quepa,* lluvia). f. Nombre que se da en Chihuahua, Baja California y Sonora a la lluvia de invierno o aguanieve.

ESCAMADO, DA. adj. Desconfiado, suspicaz, receloso; escarmentado a causa de los desengaños.

ESCAMOL. m. Huevecillo de cierta clase de hormiga de campo, que se come guisado. Es platillo muy apreciado, típico del estado de Hidalgo.

ESCUINCLE, CLA. (del náhuatl *itzcuintli,* especie de perro sin pelo). m. y f. Niño, muchacho. También se dice *escuintle.*

ESPUELEADO, DA. Animal de trabajo sumamente extenuado por la edad y las muchas faenas. Expresión usada por la gente del campo.
2. Por extensión, persona acabada por los años.
"No quiso contratarlos, aduciendo que eran gente ya muy *espueleada*".

ESQUITE (del náhuatl *izquitl,* maíz tostado). m. Granos de maíz reventado que se comen a modo de golosina.

ESTAFIATE (del náhuatl *iztahuatl,* sal amarga). m. Herbácea mexicana silvestre. Su nombre botánico es *Artemisa mexicana.* Mide aproximadamente un metro de altura, su tallo es velludo y sus hojas son alternas. Se le atribuyen propiedades aperitivas, digestivas y antiparasitarias.

ESTANQUILLO. m. Pequeña tienda donde se venden al menudeo muy variadas mercancías de uso doméstico. Los *estanquillos,* también conocidos como *misceláneas,* son establecimientos comerciales comunes en todo el país.

ESTATEQUIETO. m. Golpe, puñetazo. Es palabra compuesta que por lo general se emplea en tono irónico.
2. En la jerga del hampa, puñalada.
"O te callas ahora mismo, o te doy un *estatequieto*".

E

ESTRIBO (LA DEL). fig. La frase *la del estribo* se refiere a la copa final que los bebedores toman en una reunión familiar o de cantina. Es expresión usualísima en nuestro país y alude al *estribo,* esa pieza de la montura en la que el jinete apoya el pie. En los pasados siglos, y lo mismo en Europa que en América, se acostumbraba en tabernas y mesones ofrecer al viajero una copa de despedida, misma que se le servía cuando estaba ya sobre su cabalgadura y listo para partir.

EVANGELISTA. m. Escribiente que se gana la vida redactando las cartas y otros documentos que le encomienda su clientela. La pintoresca denominación se inspiró en el hecho de que los cuatro evangelistas fueron quienes consignaron por escrito la vida y los milagros de Jesucristo; y a su vez, los tradicionales *evangelistas* mexicanos se ocupan, entre otras tareas, de escribir sobre la vida y milagros de la gente iletrada del pueblo que les encarga la elaboración de su correspondencia de índole personal.

FACETADA. f. Chiste forzado y soso.

FACETO, TA. adj. Persona que a sí misma se considera ocurrente y simpática; pero que en realidad es afectada, insípida, sin gracia. El Diccionario consigna la voz como arcaísmo castellano, con el sentido de *chistoso*. Pero en el habla popular de México el término tiene la significación antes anotada.

FACHAS. f. y pl. Vestimenta desaliñada o impropia. De quien viste con descuido se afirma que anda en *fachas.*

FACHOSO, SA. adj. Dícese de quien muestra afectación en el vestir, en sus ademanes o en sus actos; del que presume de elegante y bien parecido.

F

FAFALAIS. m. Tira de tela o papel con que se adornan sombreros, vestidos, piñatas, etcétera.
"Caminaba por todo el salón, orgullosa de su vestido lleno de *fafalaises*".

FAJAR. tr. Vulgarismo por fornicar.
2. **FAJARLE AL TRABAJO** significa aplicarse a él con decisión y entereza.

FAJO. m. Trago de aguardiente.
"Antes de comer, vamos a echarnos un *fajo* de tequila".

FALDILLERO. m. Término despectivo que se aplica al hombre de carácter poco varonil y dado a tareas y chismes mujeriles. Llámasele también *faldilludo.*

FANTOCHE. m. Individuo exhibicionista que fácilmente queda en evidencia debido a su torpeza e ignorancia. A los actos y palabras de un sujeto así se les llama *fantochadas.*

FARAMALLA. f. Hecho o dicho lleno de exageración y fanfarronería. En México no suele darse a la palabra el sentido de enredo que señala el Diccionario. *Faramallero* se le dice a la persona dada a las *faramallas.*

FAROLAZO. m. Trago, *fajo* de aguardiente.

FASTIDIAR. tr. Perjudicar a alguno, causarle daño. Esta acepción es sumamente usual en nuestro país.

FAYUCA (del arcaísmo castellano *bayuca,* taberna). f. Mercancía de contrabando. El origen del término, tan usual en México, es el siguiente:
En la primera mitad del siglo XVIII existió en el islote y fortaleza de San Juan de Ulúa un establecimiento comercial llamado "La Bayuca", es decir, "La Taberna", donde además de expenderse bebidas embriagantes se comercia-

ba con artículos de contrabando llegados por barco al puerto de Veracruz. Quienes deseaban adquirir mercancía ilícitamente introducida al país iban a "La Bayuca", de modo que *bayuca* se convirtió en sinónimo de mercaderías contrabandeadas. Alterado a *fayuca*, el término —mexicanismo indudable— ha persistido hasta nuestros días.

2. Tienda instalada dentro de un presidio. La acepción procede de la jerga carcelaria.

3. Actividad del comerciante que lleva sus mercancías en un camión de carga en el cual recorre los poblados de Baja California. En su libro *El otro México,* el periodista Fernando Jordán señala que este mercader nómada, al que se da el nombre de *fayuquero,* es en ocasiones el único lazo que une a las pequeñas comunidades, ya que además de sus operaciones normales de venta, lleva y recoge la correspondencia, cumple encargos y traslada cargas en viajes especiales. Son además mecánicos, y en los caminos desérticos surten de gasolina y aceite a los viajeros que se atreven a transitar por ellos. Los *fayuqueros* venden a crédito, cobran cuando las posibilidades de sus acreedores lo permiten y son amigos de todos.

FEISITO, TA. fam. Diminutivo de feo, con el que se da a entender que la persona así designada es moderadamente fea. Hay en el término cierto sentido desdeñoso, teñido de lástima. Se trata de uno más de esos diminutivos típicos del habla popular mexicana.

FERIA. f. Dinero menudo, cambio; moneda sobrante que se le devuelve a quien, al hacer un pago, entrega una cantidad superior a la debida. En la lengua castellana, *feriar* significa vender, comprar o permutar alguna cosa. De esta idea de permuta o cambio se tomó en México el sentido de cambio monetario y, extensivamente, de moneda fraccionaria.

2. Por extensión, dinero.

"Le prestaron una *feria* para dar el enganche del automóvil".

F

FICHA. f. Granuja, pillo, bribón. El término hace referencia a los malhechores fichados, o sea, registrados en los archivos de la delincuencia. Del individuo marcadamente sinvergüenza se dice que es *una buena ficha*.

FIERRADA. f. Dinero, en especial si se trata de una cantidad regular. En los viejos tiempos, los rancheros acostumbraban llevar consigo su dinero en metálico, guardado dentro de grandes paliacates anudados.

FIERRO. m. Cuchillo, arma blanca, charrasca. A veces el término se emplea en diminutivo, como en la frase: *guárdeme ai este fierrito,* que significa: *tenga esta puñalada* y que constituye una curiosa muestra de afectuosa ferocidad.

FIFÍ. m. Petimetre, currutaco, catrín, individuo que se preocupa en exceso de vestir a la moda. Se dice también *fifirucho* o *fifiriche*.

FLATO. m. Malhumor, enojo. De la persona disgustada se dice vulgarmente *que está de flato*.

FODONGO, GA. adj. Persona perezosa y negligente. El vocablo, usualísimo en el país, se aplica principalmente a las mujeres desobligadas del quehacer de su casa.
"¡Viejas *fodongas!* Se pasan la tarde viendo telenovelas, en vez de ocuparse de atender a sus hijos".

FREGADA. f. Especie de numen adverso de la derrota, del fracaso, de la irritación y la desventura. Y también, impreciso paraje donde habitan la frustración, la enemistad, el descrédito. Es el otro nombre de la *chingada*. Cuando decimos *¡me lleva la fregada!,* nos sentimos presa del disgusto, del infortunio o de la ira. Y si le decimos a alguien *¡vete a la fregada!*, lo estamos enviando a la nebulosa comarca del desencuentro, la enemistad y la nada.

F

FREGADAZO. f. Vulgarismo por golpe fuerte.

FREGADERA. f. Acto molesto y reprobable. Decimos que *son fregaderas* los actos indebidos que ya llegan al colmo, cometidos por alguno.

FREGADO, DA. adj. Dícese de quien está física, económica o moralmente mal; del que sufre quebrantos o perjuicios.

FREGAR. v. a. Ocasionar daños, molestias, perjuicios. El vocablo ha generado toda una familia analógica: *fregada, fregadera, fregadazo, fregón, friega,* etcétera.

FRIJOL. m. Planta leguminosa, por lo común anual; originaria de los trópicos, aunque su cultivo se ha extendido a los climas templados. Su nombre botánico es *Phaseolus.* La raíz es fibrosa o tuberosa; y los tallos, herbáceos. El fruto es una vaina —ejote— que cuando madura puede abrirse por las suturas ventral y dorsal. Uno de los alimentos básicos de las clases populares mexicanas es el *frijol,* importante fuente de proteínas.

—COMEN FRIJOL Y ERUCTAN POLLO es un dicho del pueblo que se aplica a la gente pobre que presume de lo que no tiene.

FRIJOLEAR. tr. Reconvenir a alguien, desaprobando o vituperando lo que ha dicho o hecho.

FRUNCIRSE. pr. Encogerse de miedo.

FUFURUFO, FA. adj. Individuo que alardea de valeroso e invencible.

FURRIS. adj. Persona, hecho o cosa de calidad inferior, despreciable, de poco valer. Es palabra de uso común, a la que lo mismo se le da acepciones materiales que morales. "Fue la suya una acción en verdad muy *furris*".

GACHO, CHA. adj. Vulgar, feo, de mal gusto, mal hecho. Es lo contrario de *chicho* (véase).

GACHUPIN, NA. adj. ú.t.c.s. Denominación despectiva e injuriosa que se da en nuestro país a la persona oriunda de España. Según investigaciones hechas por Fray Servando Teresa de Mier, el término deriva de *cactli*, zapato, y *tzopini*, cosa que espina o punza; resultando, por elisión del final *tli*, la palabra compuesta *catzopini: hombres con espuela*, tan apropiada para los hombres a caballo que participaron en la conquista de México; palabra que fácilmente se convirtió en *gachupines*. Lo cierto es que el vocablo *gachupín* no fue en un principio ofensivo ni desdeñoso, sino simple término usado para designar al sujeto nacido en España. Posteriormente, y a causa del odio provocado por las luchas insurgentes, se le dio el sentido insultante que tiene hasta la fecha y que se aplica de preferencia al español ineducado y burdo que reside entre nosotros.

GALLERA. f. Corral en el que se crían gallos de pelea.

—ALBOROTAR LA GALLERA es provocar un alboroto colectivo, suscitar chismes. En los teatros, *gallera* significa galería, localidades altas y baratas, *gayola.*

GALLETA. f. Fuerza, vigor. De una persona que tiene muchas fuerzas se dice que *tiene galleta.*

GALLO. m. Aunque algunos autores afirman que en América existieron gallos y gallinas desde los tiempos prehispánicos, se sabe con certeza que fue Hernán Cortés quien por primera vez trajo estas aves al continente americano, estableciendo corrales de crianza en Malinalco, población del actual estado de México.

De cualquier manera, gallo y gallina se incorporaron plenamente a las costumbres y tradiciones nacionales. Y numerosas expresiones de nuestro lenguaje vernáculo aluden al gallo. *Haber comido gallo* significa hallarse de ánimo agresivo; *dormírsele a uno el gallo* equivale a dejar pasar la oportunidad; *dar gallo* es dar serenata; *en menos que canta un gallo* es hacer las cosas en un santiamén; *matarle el gallo a alguno* es lo mismo que callarle la boca con razones que invalidan cualquier otra argumentación; *pelar gallo* es marcharse de un lugar determinado. Hay también dichos y refranes mexicanos que hacen referencia al gallo. Mencionemos algunos de ellos:

—CABALLO QUE LLENE LAS PIERNAS, MUJER QUE LLENE LOS BRAZOS Y GALLO QUE LLENE LAS MANOS. Señala los requisitos básicos que, para el gusto del ranchero, deben tener el caballo, la mujer y el gallo de pelea. Suele emplearse como elogio a las mujeres robustas.

G

—GALLO, CABALLO Y MUJER, POR LA RAZA HAS DE ESCOGER. Aconseja elegir a la mujer, al gallo y al caballo por la buena clase que ya se trae de nacimiento.

—COMO EL GALLO DE TIA CLETA, PELÓN PERO CANTADOR. El dicho es utilizado por quien considera que, pese a sus evidentes defectos, posee también cualidades.

GALLÓN. m. Hombre de gran poder y valimiento, principalmente en la política.

"Llegó el Presidente de la República, acompañado de puros *gallones*".

GAMARRA. f. Correa para caballo. Es usual en México la frase *traer de la gamarra*, que significa tener a alguien controlado, influenciado, dominado.

GANA (REGALADA). f. La expresión *regalada gana* es común en el habla popular del país: refiérese al acto de hacer alguno lo que le viene en gana, lo que su deseo le dicta, lo que constituye su voluntad o capricho.

"A final de cuentas hizo su *regalada gana* y se fugó con el novio".

GANDALLA (de gandul, gandaya, gandumbas). m. Sujeto perdulario, dado a todo tipo de atropellos y bellaquerías.

GARGANTÓN. m. Persona importante y con autoridad. La palabra procede de la jerga de los delincuentes y relaciona la garganta con la voz autoritaria y con el concepto mismo de autoridad.

GARIGOLEADO, DA. adj. Adornado con exageración. Suele también decirse *gariboleado*.

GARNACHA. f. Especie de tortilla gruesa de maíz, de forma ovalada y con reborde, frita y aderezada con salsa de chile, carne deshebrada, lechuga y queso.

G

GARRALETA. f. Mujer fea, insignificante y mal vestida; pelandusca.

GARRAS. f. y pl. En sentido despectivo o humorístico se le da al término la acepción de ropa, como en la frase: *me puse mis mejores garras para ir a la fiesta.*

GATAZO (DAR EL). m. Expresión común en México, empleada para aludir a la persona de edad algo avanzada que, merced a su buena apariencia o a sus artificios, logra pasar por joven y atractiva.
"Ya tiene más de cincuenta años, pero cuando se arregla *da el gatazo*".

GENIOSO, SA. adj. Individuo violento, colérico, de mal genio.

GIRASOL. m. Planta herbácea originaria de México. Su nombre botánico es *Heliantus annus.* El tallo, erguido y de aproximadamente 2 metros y medio de altura, es algo ramificado en la parte superior. Las hojas son vellosas y con el borde dentado. Las flores, que se desarrollan al final del verano, se dan en grandes cabezuelas de color amarillo y llegan a medir hasta 20 centímetros de diámetro. El nombre le viene de la creencia de que su corola gira siguiendo el curso del Sol. Nuestros antepasados indígenas empleaban los granos del *girasol* como alimento, mismos que aún se consumen tostados en algunas regiones del país. También se da a esta planta los nombres de *gigantón, mirasol, chimalatl* y *maíz de Texas.*

GOLLETE. m. Dádiva o regalo que aprovecha la persona afecta a beber, comer y divertirse a costa de los demás.
2. Fiesta, comida o diversión sin costo para los concurrentes. El vocablo alude al hecho de que la gente dada a comer y beber gratuitamente suele atiborrarse, llenándose hasta el *gollete* o parte superior de la garganta.

G

GOLLETERO, RA. adj. Persona habituada a disfrutar a costa ajena.

GORDA. f. Tortilla de maíz más gruesa que la común.

GORREAR. tr. Comer, beber o recrearse a costa de los demás; *golletear*. A la persona dada a *gorrear* se le llama *gorrón*.

GOYO, YA. fam. Diminutivo de Gregorio y Gregoria.

GRIFA. f. Vulgarismo por marihuana. Al individuo intoxicado con dicha hierba se le dice *grifo.*

GRILLA. f. Politiquería; política menuda y de poco vuelo que a fin de obtener posiciones se vale de la murmuración, el borlote y la intriga, tomando en cuenta solamente los intereses personales o de pequeño grupo. El término pertenece a la jerga política nacional y evoca el ruido monótono y estridente que con sus élitros producen los grillos.

GRINGO, GA. adj. y s. Estadounidense. Al parecer, carece de fundamento la versión que atribuye la etimología del vocablo *gringo* a cierta canción que interpretaban los invasores yanquis de 1847: *Green grows the grass* (verde crece la hierba). La voz ya se usó en España en el siglo XVIII, y en su *Diccionario castellano con las voces de ciencias y artes,* concluido en 1765, el sacerdote jesuita Esteban de Terrero y Pando escribió: "Gringos llaman en Málaga a los extranjeros que tienen cierta especie de acento que los priva de una locución fácil y natural castellana, y en Madrid dan el mismo nombre a los irlandeses". Es pues probable que el término *gringo* no sea sino una corrupción de *griego*, en su acepción de *lenguaje incomprensible,* y aplicado a los extranjeros que lo hablan.

GUACAL (en náhuatl *huacalli).* m. Especie de caja de varas o tablas delgadas, en forma de jaula, para transportar fruta y legumbres, o loza, y que aún se utiliza en todo el país. También se escribe *huacal*.

—**SALIRSE DEL GUACAL** significa extralimitarse, actuar fuera de su derecho u obligación.

GUACAMOLE (del náhuatl *ahuacamulli,* salsa de aguacate). m. Salsa o ensalada hecha con aguacate machacado, cebolla, jitomate y chile picado. Es el acompañamiento imprescindible de la barbacoa, el chicharrón, las carnitas y otras típicas viandas mexicanas.

GUACHO, CHA (del maya *huach,* no nacido en el lugar). adj. ú.t.c.s. Nombre despectivo dado en varias regiones del país al mexicano del centro de la República. *Guachos* se les llamó a los soldados federales enviados a combatir a los revolucionarios. La denominación persistió, aplicada en general a la gente procedente del centro, siendo voz bastante usual en Sonora y en Sinaloa. Con el mismo sentido desdeñoso, en Yucatán se usa el término *huache* o *huach;* y los veracruzanos dicen *guachinango*.

GUAGUAREAR. int. Parlotear, hablar sin ton ni son.
"Las dos comadres se pasaron toda la tarde *guaguareando*".

GUAJE (en náhuatl *huaxin).* m. Nombre con el que se designan genéricamente los frutos de las plantas cucurbitáceas cuyos epicarpios se utilizan como recipientes.
2. Bobo, tonto, necio.

—**HACERSE GUAJE** es hacerse el desentendido.

—**HACER GUAJE A UNO** es engañarlo.

GUAJOLOTE (en náhuatl *uexollotl).* Nombre que se da en México al pavo, ave del orden de las gallináceas, al parecer

oriunda del continente americano y cuya carne es comestible y sumamente apreciada. El *guajolote tiene alrededor* de 80 centímetros de longitud.
El mole de guajolote es uno de los grandes platillos típicos de México.

GUAJOLOTÓN, NA. adj. Necio, simple, papanatas.

GUAMAZO. s. m. Puñetazo, bofetón.

GUANDAJÓN, NA. adj. Descuidado, desarreglado, mal vestido.

GUANGO, GA (del tarasco *huangoche*, tela de tejido muy suelto). adj. Holgado, flojo.

GUARACHAZO. m. En sentido jocoso, baile.

GUARACHE (del tarasco *quarache*, cacle viejo). m. Especie de sandalia indígena que consta de una plantilla de vaqueta sujeta al pie con correas de cuero.

—¡ORA LO VERÁS GUARACHE, YA APARECIÓ TU CORREA! Con este dicho se le da a entender a alguno que ha llegado quien ha de frenar sus excesos y abusos, impunes hasta ese momento.

GUARIN. m. Indio otomí que no habla castellano.
2. Bobo e ignorante.

GUASONTLE (del náhuatl *huautli,* bledo, y *tzontli*, cabello). m. Planta herbácea cuyo nombre botánico es *Chenopodium nuttalliae*. Sus inflorescencias son comestibles y se emplean en guisos populares. Los tallos secos se utilizan en la elaboración de escobas.

GUAYABO. m. Árbol frutal nativo de México, de unos 8 metros de altura y 30 centímetros de diámetro, de tronco torcido y ramoso, y hojas elípticas. Su nombre botánico es *Psidium grajava.* Su fruto es la guayaba, de forma ovoide o piriforme, de 2 y medio a 10 centímetros de largo, color amarillento, sabor dulce y aroma intenso.

—**SUBIRSE AL GUAYABO** es unirse el hombre con la mujer para fornicar.

—**SER UN HIJO DE LA GUAYABA** es ser malvado, ruin, desalmado.

GUELAGUETZA (del otomí *guela,* característica de algo, y *guetza,* cortesía o finura). f. Sistema de ayuda mutua, tradicional entre los indígenas zapotecos. La *guelaguetza* está fundada en el espíritu de servicio y en la conveniencia recíproca. Las fiestas de la *guelaguetza* son espectaculares y constituyen festivales folclóricos de importancia.

GÜERO, RA. adj. Nombre que se da en nuestro país a la persona rubia.

GURRUMINO, NA. adj. Niño de corta edad, muchachito.
2. El hijo menor de la familia o *socoyote.*

HABLADA. f. Murmuración, fanfarronada, censura malévola.

HABLICHI. s. y adj. Hablador, chismoso, fanfarrón. El término se usa sobre todo en Sonora y en el Distrito Federal.

HAMBRUSIA. f. Vulgarismo por hambre. También se dice *hambrosia*.

HARTÓN. m. Nombre que se le da en Campeche, Tabasco y Chiapas al *plátano macho o plátano largo*, dando a entender que cada uno de estos frutos es suficiente para darse un hartazgo.

HECHIZO, ZA. adj. Dícese del artefacto hecho a mano, en contraposición al aparato fabricado industrialmente y en serie.

H

HEMBRERO, RA. adj. Dícese del hombre que engendra únicamente hembras, o de la mujer que las da a luz.

HÍGADO. m.

—SER ALGUNO UN HÍGADO es ser cargante y latoso, un sangrón (véase).

¡HÍJOLE! interj. Exclamación con que se denota admiración o extrañeza.

HIJUEPUTA. adj. Contracción de *hijo de puta,* calificativo que equivale a un mentada de madre. La expresión es usual en Veracruz y en Tabasco, donde la gente del pueblo la emplea sin verdadero ánimo injurioso y simplemente para referirse a alguno.

HIPIL (del náhuatl *huipil-li, gran* colgajo). m. Prenda típica de la india o mestiza yucateca. Consiste en una camisa sin mangas, larga hasta las pantorrillas y de cuello cuadrado. Los *hipiles* de uso cotidiano llevan en el cuello y en el borde inferior tiras de tela con dibujos de vivos colores; y los de lujo, en vez de esas tiras, se adornan con vistosos bordados en punto de cruz.

HOQUIS (DE). mod. adv. fam. Gratuitamente, de balde. Es una alteración del arcaísmo español *hoque,* voz con la que se designa al regalo hecho por el comprador o el vendedor, o por ambos, al intermediario que intervino en una venta. La expresión es de uso común en todo México.
"Le dijo categóricamente que no está acostumbrado a trabajar de *hoquis*".

HUAPANGO (del náhuatl *huepantli,* viga grande y sin labrar, por alusión a la tarima sobre la que se baila). m. Baile típico de las Huastecas veracruzana, potosina, tamaulipeca e hidalguense. Se ejecuta encima de una tarima, mientras los músicos tocan y cantan coplas populares. Los pasos de los bailadores de *huapango* son rápidos, complicados y muy llamativos.

HUEHUENCHE (del náhuatl *huehue,* viejo, y *tzin,* partícula reverencial). m. Danzante típico tradicional que interpreta danzas de origen o inspiración azteca.
2. Hombre anciano que dirige las danzas de los *huehuenches* en ocasión de fiestas y romerías.

HUELELILLO, LA. adj. Fisgón, pesquisidor, husmeador. Se trata de un modismo sonorense aplicado a la persona que *se huele* toda ocasión propicia para *gorrear* o *golletear.* "Nunca faltan *huelelillos* que se cuelan en las fiestas".

HUERCO, CA. m. y f. Niño, muchacho, pequeñuelo. La palabra es común en los estados del norte del país y se oye asimismo entre los mexicanos residentes en Norteamérica. Escríbese también *güerco.*

HUIPIL (del náhuatl *huipil-li*, gran colgajo). m. Vestido de las mujeres indígenas mexicanas de distintas regiones del país. Llega hasta la rodilla o el tobillo. Si el *huipil* está tejido en telar de otate es de tres lienzos unidos con costuras, listones o bordados. Y si es de tela fabril consta de un solo lienzo. Códices y esculturas dan testimonio de que las mujeres del México prehispánico vestían *huipiles* muy parecidos a los actuales. No debe confundirse *huipil* con *hipil. Huipil* es el nombre genérico dado a los vestidos de las indígenas de casi todo el país. *Hipil* designa a una prenda usada exclusivamente por las indias o mestizas de Yucatán.

HUISACHE (en náhuatl *huixachi).* m. Nombre que se da a varias especies de leguminosas del género *Acacia,* así como a otras plantas arbustivas o arbóreas de la misma familia. La más abundante es la conocida vulgarmente como *espino* o *aroma.* Alcanza 3 metros de altura en su forma arbustiva y 9 en la arbórea. Las flores se presentan en cabezuelas amarillas y producen una sustancia aromática llamada *aceite de acacia,* la cual se usa en perfumería. La corteza y las vainas son ricas en tanino y se emplean en curtiduría. El *huisache* es común en las zonas áridas o semiáridas de casi todo el país.

HUISACHEAR, intr. Litigar sin poseer título de abogado, aunque contando con experiencia en argucias legales. A quien se ocupa de *huisachear* se le llama *huisachero.*

IB (voz maya). m. Nombre dado en Yucatán al frijol común.

¡ICH! (voz maya). interj. Exclamación usual en Campeche y Yucatán para manifestar asco o desagrado.

IGUALADO, DA. adj. Irrespetuoso, confianzudo, propenso a usar de familiaridad en el trato. Dícese principalmente del subordinado que no guarda la consideración debida a un superior, tratándole de igual a igual.
"Causa muy mala impresión, pues es demasiado *igualado* con sus jefes".

IGUALITO, TA. fam. Diminutivo intenso con el que se denota igualdad absoluta. Trátase de una de esas formas de empleo del diminutivo peculiares del habla popular de México. A veces, para recalcar la idea de igualdad total se dice *igualitito*.

I

IGUANA. f. Reptil saurio. La que vive en México es la *Iguana rhinolopha,* conocida como *iguana común* o *iguana de ribera.* Habita en los árboles, a la orilla de esteros y ríos. Tiene el tronco y la cola comprimidos lateralmente; su cabeza es mediana, el hocico redondeado, la mandíbula provista de dientes puntiagudos, y los ojos pequeños. La cabeza tiene escamas lisas, una de las cuales es grande y circular, colocada bajo el tímpano. Su garganta presenta un saco colgante, con escamas en el borde. Sobre la línea media dorsal lleva una cresta alta que va desde la nuca hasta el inicio de la cola. Es de color verde en el dorso, y de tonos azules en los costados. Al macho se le da el nombre común de *garrobo* y llega a medir hasta un metro 60 centímetros de largo, correspondiendo un metro a la cola. La *iguana* se alimenta de hojas, flores y frutas, así como de insectos y otros pequeños animales. Su carne se emplea en la elaboración de tamales. Y con su piel se confeccionan cinturones, bolsos de mano, carteras y zapatos. Se le encuentra desde Sinaloa hasta Chiapas, en la costa del Pacífico; y desde Veracruz hasta Quintana Roo, en la vertiente del Golfo de México.

INCRÓSPIDO, DA. adj. Torpe y falto de equilibrio a causa de las bebidas embriagantes ingeridas.
"Tropezaba a cada paso, era evidente que estaba *incróspido".*

INDINO, NA. adj. Travieso, descarado, picarón. Alteración de *indigno*, privándole de intención ofensiva. No hay injuria en expresiones como *"hasta que por fin viniste a visitarnos, indino".*

INDIRECTA. f. Acusación o insulto que se vale de evasivas, insinuaciones y circunloquios.

INFIERNITO. m. Juego infantil que consiste en regar una poca de pólvora en el suelo para encenderla y mirarla arder.

I

IRIS (HACER UN). m. Cerrar el ojo o hacer cualquier otro gesto a manera de coqueteo.
2. En la jerga de la delincuencia, ademán convenido entre malhechores para facilitar la comisión de un acto delictivo.

ITZCUINTLI. m. Nombre genérico que los antiguos mexicanos daban a los perros. Los aztecas criaban un perro doméstico al que llamaban *xoloitzcuintli*. Tenían también otra clase de perro —el *tlalchichi*—, al que cebaban con esmero, por considerarlo un manjar en extremo suculento.

IXTLE (en náhuatl *ixtli)*. m. Cualquiera de las fibras duras procedentes del género *agave.*
2. Nombre genérico para designar toda clase de fibras vegetales.

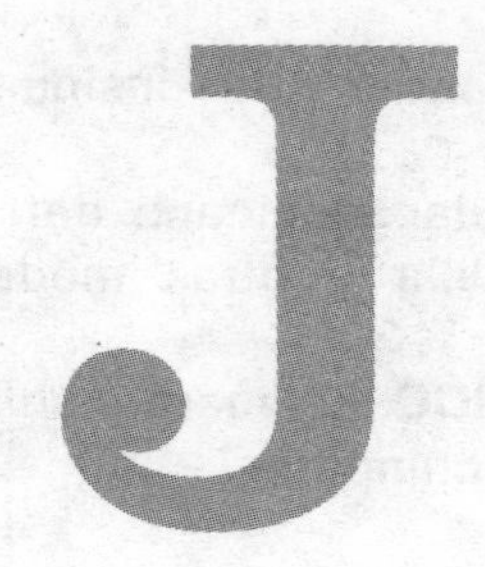

JACAL (del náhuatl *xacalli,* casa de paja). m. Choza de adobe, con techo de paja o de tejamanil. Nuestros antepasados indígenas erigían *jacales* idénticos a los que hoy en día se levantan en los poblados y rancherías de México.

JACALEAR. intr. Entre la gente del campo, comadrear, andar de casa en casa en murmuraciones y enredos.

JAGÜEY (del maya *ja,* agua, y *uai,* acá). m. Pozo natural o depósito artificial de agua.

JAIBO, BA. adj. ú.t.c.s. Oriundo del puerto de Tampico, tampiqueño. El sobrenombre proviene de que en Tampico abundan los crustáceos llamados jaibas.

JALADOR, RA. adj. Dícese de la persona dispuesta a secundar una empresa o iniciativa.

J

JALÓN (DAR). m. Responder a las insinuaciones amorosas.

JARABE. m. Baile popular mexicano derivado del fandango, la zambra, la seguidilla y otras modalidades de la danza española.
2. **JARABE DE PICO** es mera habladuría, promesas que jamás habrán de cumplirse.

JARANA. f. Baile típico de Yucatán y Campeche. En esta danza, las parejas de bailadores ejecutan en grupo diversos pasos y zapateados. En medio de la *jarana*, música y baile se interrumpen de pronto para que un recitador diga en voz alta graciosos e intencionados versos que llevan el nombre de *bombas*.

JARIPEO. m. Fiesta charra en la que los participantes ejecutan diversas suertes a pie y a caballo.

JAROCHO, CHA. adj. y s. En un principio, el término se aplicó en Veracruz, con intención ofensiva, al hijo de negro e indio. La voz deriva del epíteto *jaro,* que en la España musulmana se asignó al puerco montés. Con la Independencia y la Reforma el vocablo perdió su sentido ofensivo, y en la actualidad la población del puerto de Veracruz ostenta con orgullo el título de *jarocha*.

JESUSEAR. tr. Invocar a cada rato y por cualquier motivo el nombre de Jesucristo. Jesusera se le dice a la beata que para todo repite la expresión *¡ay, Jesús!*

JÍCAMA DE AGUA. f. Planta herbácea mexicana de la familia de las papilionáceas, cuyo nombre botánico es *Pachyrrhizus erosus*. Mide de 1 a 2 metros de altura y posee grandes raíces tuberosas, globosas, de color blanco y sabor dulzón, que se comen crudas y son refrescantes. La gente del pueblo acostumbra comer rebanadas de *jícama* que sazona con sal, polvo de chile y jugo de limón.

J

JIJEZ. f. Acción baja, injusta, abusiva, propia de un *jijo de la tiznada,* como en lenguaje popular se le llama al bribón y al arbitrario.

JILOTE (del náhuatl *xilotl,* mazorca en formación). m. Mazorca de maíz tierno.
2. Cabellitos que tiene la mazorca en formación.

JINCAR. tr. Endosar a otro alguna carga u obligación, con ardides y ocasionándole molestias. El verbo alude en especial a los hijos que se procrean fuera del matrimonio. De la mujer que da a luz en tales condiciones, se murmura malévolamente: *ya le jincaron un muchacho.*

JINETEAR. tr. Andar a caballo alardeando de elegancia y destreza.
2. Montar bestias broncas con el fin de domarlas o de lucirse.
3. Obtener lucro y ganancia ilícitos con fondos ajenos. Aplícase sobre todo a quien especula con el dinero de pagos que indebidamente retiene.
"Se descubrió que el pagador estuvo *jineteando* el dinero de los sueldos durante más de tres meses".

JIRICAYA. f. Dulce típico de México, cocinado entre las brasas y hecho de huevo, leche, azúcar y canela. También se dice *jericaya.*

—ESTAR A DOS FUEGOS, COMO LA JIRICAYA. Refrán con el que se indica que se está en una situación difícil y contrapuesta, o sea, *entre la espada y la pared.*

JOCONOSTLE (del náhuatl *xococ,* cosa agria). m. Cactácea que produce una tuna agria o agridulce. Su nombre botánico es *Opuntia joconostle.* Es una especie de nopal arborescente de 2 a 3 metros de altura, flores amarillas y frutos de pulpa ácida y color rosado, los cuales se utilizan como condimento de varios platillos, y también en dulcería. Se cultiva en los estados de México, Hidalgo, Michoacán y Querétaro, y en el Distrito Federal, creciendo silvestre en distintos lugares del altiplano. Llámasele también *soconoscle* o *xoconoscle*.

JOCOQUI (del náhuatl *xococ,* cosa agria). m. Preparación alimenticia, de sabor ácido, hecha a base de leche cortada o nata agria. Dícese también *jocoque*.

JOTO. m. Hombre afeminado, homosexual.

JUAN. m. Denominación genérica que se da en nuestro país al soldado de línea.

JUANITA. f. Nombre popular de la mariguana. También se le llama *doña Juanita* o *grifa.*

JULIA (del inglés *jail,* cárcel). f. Vehículo usado por la policía para conducir a los detenidos.

JUMIL (del náhuatl *xotl,* pie, y *milli*, sembradío). m. Con este nombre son conocidas varias especies de insectos de la familia *Pentatomidae,* del orden *Hemiptera*. Al *jumil* se le conoce también como *chinche de monte*. Mide de 8 a 9 milímetros. Su abdomen tiene nueve segmentos y su cabeza es prominente, con dos ojos compuestos y dos antenas. Es característico su olor pestilente. Vive entre los tallos y sobre las hojas de los encinos. Es comestible. En los mercados de Morelos y Guerrero los *jumiles* se venden vivos o tostados y molidos con chile y pimienta. Algunos campesinos los ingieren vivos por suponerles virtudes afrodisíacas y curativas.

LADINO, NA. adj. Dícese del sonido alto, agudo, por contraposición al bajo o grave. Se habla así de una voz *ladina* o de un grito *ladino.*

2. Nombre que se da al habitante no aborigen de una comunidad indígena, principalmente en Tabasco, Chiapas y Campeche.

LAGARTIJO. m. Pisaverde, galancete del México de principios del siglo XX.

LAMBICHE. adj y s. Adulón, rastrero, servil.

LAMBISCÓN, NA. adj. y s. Adulador, *lambiche.*

LAMBISQUEAR. tr. Buscar los niños migajas o golosinas para engullírselas.

L

LANA. f. Dinero, caudal, riqueza. *Es gente de lana,* se dice de quien tiene buenos recursos económicos. El origen de este término, tan mexicano, es el siguiente: Durante el virreinato cobró auge extraordinario en el país la industria de la lana, misma que producía utilidades cuantiosas. El que tenía lana, tenía dinero. Tan era así, que Hernán González de Eslava —poeta español del siglo XVI radicado en Nueva España— escribió:

> Es refrán entre la gente
> Que dice: "quien trata en lana
> Es cierto que en oro mana".

Pasó el tiempo y la industria de la lana perdió en México su excepcional importancia; pero la acepción pecuniaria del vocablo *lana* persistió, y *lana* es hoy en día sinónimo de dinero.

LÁNGARA. adj. Persona que se comporta aviesamente, actuando con ventaja, maña y doblez.

LEBRÓN, NA. adj. Individuo que merced a su experiencia tiene gran conocimiento de la vida y, por lo mismo, no es fácil de engañar.
2. En el norte del país significa sujeto fanfarrón y grosero.

LEJECITOS. adv. Forma diminutiva y eufemística empleada para decir que algún lugar está lejano, aunque no demasiado.

LENCHO, CHA. fam. Diminutivo de Lorenzo y Lorenza.

LENGUÓN, NA. adj. Chismoso, deslenguado.

LEPE. com. En el noroeste, dícese del potrillo o del becerro que ha quedado huérfano y mama de madre ajena.
2. En Nuevo León, niño, muchacho.

LEPERADA. f. Acción baja de gente grosera; expresión obscena.

L

LÉPERO, RA. adj. Mal educado, insolente, procaz.
"Lo mejor es no tener tratos con él, pues es un tipo tramposo y *lépero*".

LEPERUZA. f. Gentuza, chusma, populacho.

¡LÍNGUILI LÍNGUILI! fam. Expresión burlesca y mordaz con la cual se recrimina su molicie al perezoso: *Nosotros abrumados de trabajo, y tú, ¡línguili línguili!, entregado a la ociosidad y la vagancia.*

LOMO (HACER). fam. Con la expresión *hacer lomo* se manifiesta la conveniencia de soportar resignadamente; o de aparentar impasibilidad ante problemas y molestias inevitables.

LUCAS. com. Lunático, chiflado, *lurio* (véase).

LUCHÓN, NA. adj. Persona que se esfuerza y lucha a brazo partido a fin de mejorar su situación económica.

LURIO, RIA. adj. Disparatado, loco, alocado.
2. En Sonora y Sinaloa, chiflado de amor.

MACUACHE. adj. Mal hecho; de pobre, deslucida apariencia.
2. Aplicado a personas, tosco, rudo, rústico, sin pulimento.

MACHACA. f. Platillo típico del norte y el noroeste de México, hecho de carne seca y machacada, frita con huevo y manteca, y sazonada con cebolla, tomate y chile.

MACHETERO. m. Peón de los camiones de carga. Se le llama así porque en un tiempo los *cargadores* usaron sombrero de palma con el ala levantada, muy parecido al llamado *sombrero machetero* que llevaban los soldados juaristas comandados por el general Ángel Martínez, y cuya arma principal era el *machete*.
2. m. y f. Persona tenaz en sus estudios.

MACHORRA. f. Mujer dada a las tareas y juegos bruscos y varoniles.

M

MACHUCHO, CHA. adj. Persona que por su avanzada edad está llena de socarronería y experiencia.

MAGUEY. m. Nombre dado en nuestro país a cerca de 200 especies del género *Agave,* entre ellas el *maguey pulquero,* el *maguey mezcalero* y el *maguey tequilero.*
La primera noticia que se tiene sobre la obtención del pulque (bebida fermentada, hecha del aguamiel que se extrae del *maguey* por succión) data del siglo XI. De acuerdo a ella, cuando entre los toltecas reinaba Tecpancaltzin, un día se presentó ante el monarca el príncipe Papantzin, para informarle que su hija Xochitl había descubierto en el centro del *metl* (nombre náhuatl del *maguey)* una especie de agua dulce fermentada, de la cual le llevaba a ofrecer.

MAÍZ. m. Planta gramínea monoica, de tallo macizo, flores masculinas en racimos terminales, y flores femeninas en espigas axilares sobre un eje esponjoso. Produce mazorcas con granos gruesos y sumamente nutritivos. Su nombre botánico es *Zea mays.* El término *maíz* es de origen antillano. En náhuatl, el *maíz* se denomina *tlaolli* o *centli.*
Se supone que el *maíz* se cultiva en América desde hace aproximadamente quince mil años. Los huastecos lo llamaban *to-nacayo:* nuestra carne, pues creían que los hombres habían sido hechos de *maíz* por los dioses. Por su parte, los aztecas consagraban en los templos las mazorcas destinadas a la siembra. Entre los pueblos nahuas, la mazorca ya formada se personificaba en el dios Centeotl.
Se explica la veneración por el *maíz* al considerar que dicha gramínea ha constituido —desde remotas épocas prehistóricas hasta la actualidad— el alimento básico de los mexicanos y, en general, de la mayor parte de los pueblos indígenas del continente. Con el *maíz* se hacen en México tortillas. Y con las tortillas de *maíz* se preparan la sopa de tortilla, las enchiladas, las tostadas, las quesadillas, los huevos rancheros y diversos platillos y *antojitos* populares.

M

MAJE. m. Tonto, ingenuo, fácil de engañar.

2. En la jerga de la delincuencia, persona escogida por los ladrones para hacerla víctima de un robo.

3. **HACER MAJE AL MARIDO** significa engañarlo su mujer con otro hombre.

MALACATE (del náhuatl *malani,* torcer, y *acatl*, caña). m. Huso indígena compuesto de una pequeña vara y de un volante de piedra, hueso o barro. En la actualidad su empleo es poco común y por lo general circunscrito al hilado del ixtle, aun cuando en algunos pueblos aislados aún se utiliza en el del algodón, tan frecuente en la época prehispánica. De esos tiempos se han encontrado *malacates* ornados con grabados y dibujos de gran belleza.

MALORA. adj. Individuo amante de hacer maldades y travesuras.

MANCORNAR. tr. A la acepción de unir dos cosas de una misma especie que estaban separadas, dada por el Diccionario, en nuestro país se agregan la de unirse un hombre y una mujer atraídos sexualmente; y la de compartir una mujer su amor con dos hombres, o un hombre con dos mujeres. "Cuídate de las palabras y los juramentos de amor de esa mujer, pues tiene fama de *mancornadora*".

MANGANA. f. Suerte charra con lazo para sujetar y hacer caer a una res o a un caballo.

MANGO. m. Árbol frutal perennemente verde, de la familia de las anacardiáceas, originario del Archipiélago Malayo y de Ceilán, e introducido a México hacia finales del siglo XVII. Su nombre botánico es *Mangifera indica*. Mide de 10 a 30 metros de altura y tiene una copa frondosa en extremo. El fruto es carnoso, aromático y comestible.
En nuestro país se cultiva *mango* de excelente calidad en la costa occidental: parte de Sinaloa y Nayarit, Jalisco, Colima, Michoacán, Guerrero, Oaxaca y parte de Chiapas.

2. Persona físicamente atractiva, guapa, hermosa. Es lo mismo que *cuero* (véase).

MANGONEAR. intr. Valerse de un puesto público y del poder y la influencia que proporciona, para finalidades de lucro personal.
2. Mover las cosas al propio arbitrio.
3. Sacar ventajas de un negocio o asunto ajeno.

MANO, NA. fam. Aféresis de hermano, muy usual entre amigos o *cuates* (véase). También se dice *manito* o *manís.* Se trata de uno de esos vocablos que le dan sabor y carácter singulares al lenguaje popular de México.

MANOTEAR. tr. Sustraer, apropiarse de algo por medios ilícitos. En el negocio, empresa u oficina pública donde se observan malos manejos se dice que *hay manoteo.*

MAÑANITAS. f. y pl. Canto mexicano tradicional con el que se felicita a las personas con motivo de su onomástico o cumpleaños.

MAPACHE (del náhuatl *mapach,* asir algo con la mano). m. Mamífero carnívoro cuyo nombre científico es *Procyon lotor*. Mide de 45 a 60 centímetros de largo, con cola de unos 30 centímetros y peso aproximado de cuatro kilos. Su cuerpo es rechoncho, de patas cortas y robustas. La cabeza es ancha, el hocico puntiagudo, las orejas pequeñas y erectas. Tiene una mancha negra en la cara a modo de antifaz. Se le encuentra en todo el país, a la orilla de lagos, ríos y arroyos, ya que su alimentación la obtiene del agua o de sus cercanías. Ingiere peces, crustáceos y ranas; y come también insectos, frutas, maíz tierno, aves y pequeños mamíferos. Se le caza, pues su carne es comestible y con su piel se confeccionan pinceles, abrigos y gorros.

MARGALLATE. m. Desorden, mitote, escandalera, confusión.

M

MARÍA. f. Nombre genérico con el que se suele designar a las mujeres aborígenes.
2. El nombre se aplica en la ciudad de México a las indígenas mazahuas que venden frutas y dulces en la vía pública.

MARIACHI (del francés *mariage,* boda o matrimonio). m. Conjunto musical popular que interpreta música y canciones vernáculas. El vestuario de sus integrantes está inspirado en el traje de charro. El término *mariachi* surgió de que, durante la Intervención francesa, esta clase de grupos musicales solían ser contratados por los invasores para amenizar las fiestas de boda o *mariage.*
Hay especulaciones acerca de otro posible origen de este término; pero nada en firme existe al respecto, razón por la que nos atenemos a la versión aquí anotada, misma que sostuvo el ilustre polígrafo Alfonso Reyes.

MARIGUANA. f. Hierba de la familia de las cannabidáceas. Su nombre botánico es *Cannabis indica.* De olor fuerte y tallo velloso, sus hojas miden de 5 a 15 centímetros de largo. La planta es originaria de China y la India. Fue introducida a México a fines del virreinato. Pese a que el cultivo de la mariguana está prohibido por la Ley, se siembra de modo furtivo en las regiones cálidas o templadas del país, debido a la demanda que tiene como estupefaciente. Otros nombres de esta hierba son: *mota, grifa, doña juanita.*

MAROTA. f. Muchacha afecta a juegos y trajines propios de varones.

MAYORDOMÍA. f. Término usual entre los pueblerinos para designar a la asociación encargada de mantener el culto al santo patrono del lugar. *Mayordomo* es a su vez la persona responsable de organizar, y en ocasiones de sufragar, las fiestas patronales de un año determinado.

M

MECAPAL (del náhuatl *mecatl,* mecate, y *palli,* ancho). m. Dispositivo hecho de tejido de ixtle, para cargar bultos sobre la espalda. Consta de una franja con sogas en sus extremos, que se apoya en la frente. Desde la época prehispánica y hasta hace poco más de medio siglo, el movimiento de carga se realizó en México por medio de los *mecapaleros,* hombres rudos que se valían del *mecapal* para llevar a cabo sus faenas.

MECATE (del náhuatl *mecatl,* cuerda). m. Cordel o cuerda de pita.

—CAERSE ALGUNO DEL MECATE es expresión popular con la que se señala que se le ha descubierto en trampa o mentira.

MEMELA (del náhuatl *mimilli,* grueso y alongado). f. Gorda de maíz grande y alargada.

MENUDO. m. Cocido de maíz y carne de ganado vacuno, de la cual se utilizan las patas y ciertas partes abdominales. También se le llama *mondongo* o *pancita.*

MEROLICO (de *Meraulyock,* apellido polaco). m. Charlatán, embaucador callejero que explota la credulidad de los transeúntes vendiéndoles productos supuestamente curativos. La denominación se inspiró en Rafael Meraulyock, sacamuelas polaco que pregonaba sus brebajes curalotodo por plazas y calles de la ciudad de México, a finales del siglo XIX.

METATE (en náhuatl *metlatl).* m. Utensilio de uso doméstico. Es de origen prehispánico y consiste en una piedra cuadrilonga, sostenida en plano inclinado por tres pies, sobre la que las mujeres del pueblo se arrodillan para moler a dos manos maíz, cacao e ingredientes de cocina, valiéndose de un cilindro también de piedra, conocido como *metlalpil* o *mano del metate.*

M

METICHI o METICHE. adj. Fisgón, intruso, entrometido. Dícese de la persona que gusta de inmiscuirse en asuntos que no son de su incumbencia. Es mexicanismo sumamente expresivo y de amplio uso en el país.

MEZCAL (del náhuatl *metl,* maguey, y *callalli,* terreno). m. Aguardiente que se extrae por destilación de algunas clases de maguey. Este proceso destilador fue introducido a España por los moros en el siglo VIII, y por los españoles a México en el siglo XVI.

MICHI (voz tarasca que significa pescado). Guiso de pescado cocido en su jugo. Más frecuentemente se dice *caldo michi.*

MITOTE. m. Escándalo, pendencia, alboroto, trifulca. Suele usarse la expresión *armar mitote.*

MOLACHO, CHA. adj. Persona que carece de una o más piezas dentales. Dícese también *molenque* o *chimuelo.*

MOLE (del náhuatl *molli,* salsa). m. Famoso guiso típico mexicano preparado con chile y con otros ingredientes, los cuales cambian de acuerdo a las distintas regiones del país. El más renombrado de los *moles* es el *mole poblano,* hecho a base de carne de guajolote.

MOLÓN, NA. *adj.* Fastidioso, molesto, insistente, fregón.

MÓNDRIGO, GA. adj. Individuo infame, nocivo y cobarde. Con igual sentido, se dice asimismo *méndigo.*

MULA. f. Sujeto malo, terco, egoísta.
2. Mercancía invendible o documento comercial incobrable.

NACO, CA. adj. Individuo burdo, vulgar, mal educado; barbaján. En un principio, el vocablo se empleó para nombrar peyorativamente al indígena aturdido y mal incorporado a la vida urbana; al plebeyo de piel morena, al peladito, al lépero. Con el tiempo, la palabra se fue transformando y hoy en día designa al mexicano de cualquier color de piel y de cualquier estrato social; pero caracterizado por su ordinariez. Para algunos, el término es aféresis de *totonaco;* para otros, de *chinaco*.

NACHO, CHA. fam. Diminutivo de Ignacio e Ignacia.

NADITA. fam. Curioso diminutivo de *nada,* empleado para subrayar el concepto de porción mínima de algo, sea ello tiempo o materia; como cuando decimos: *no me tardo nadita,* o: *dame una nadita de azúcar*.

N

NAHUAL (del náhuatl *nahualli, bruja).* m. Hechicero indígena al que la gente sencilla del pueblo atribuía poderes mágicos y la facultad de convertirse en un monstruoso y vengativo animal. Durante el virreinato se creyó mucho en los *nahuales,* venerando y temiendo al mismo tiempo a los brujos tenidos por tales. Era fama que el nahual salía de noche a hurtar sigilosamente aves de corral y mazorcas de maíz. 2. En la jerga del hampa se le llama así al ladrón que roba de noche en las casas, mientras sus moradores duermen o se hallan ausentes. También se aplica el término al delincuente que usa zapatos tenis o de suela blanda para entrar a robar.

NEJO, JA. adj. Localismo del estado de Guerrero, por sucio, mugroso, desaseado.

NEUTLE (del náhuatl *neuctli,* miel). m. Nombre popular del pulque.

NEXCOYOTE (del náhuatl *nextamalli,* nixtamal, y *xocoyotl,* hijo último). m. Nombre dado a la tortilla grande y gruesa que es la última hecha por la tortillera de una porción de masa.

NICHO, CHA. fam. Diminutivo de Dionisio y Dionisia.

NINGUNEAR. intr. Tratar a alguno como si fuera nadie, desestimarlo. La expresión constituye todo un acierto del habla popular de México.

NIXTAMAL (del náhuatl *nextli,* ceniza, y *tamalli,* tamal). m. Maíz cocido en agua de cal o de ceniza, para ablandarlo y luego, moliéndolo, preparar la masa con que se hacen las tortillas.

NOPAL (en náhuatl *nopalli).* m. Denominación genérica dada a varias cactáceas originarias de México, de aproximadamente tres metros de altura, tallos aplastados y carnosos formados por una serie de paletas ovales erizadas de espinas y que llevan el nombre de pencas; flores que nacen en el borde de los tallos, con numerosos pétalos amarillos o encarnados; y frutos de corteza verde cubierta de espinas diminutas, llamados tunas, y cuya pulpa es fresca y comestible.

—AL NOPAL LO VAN A VER SÓLO CUANDO TIENE TUNAS. Refrán con el que se da a entender que únicamente suele frecuentarse a las personas cuando están en situación próspera y puede obtenerse algo de ellas.

NUEVECITO, TA. adj. Diminutivo de *nuevo,* con el cual se manifiesta que algo es flamante, que está acabado de hacer.

OCELOTE (del náhuatl *ocelotl,* jaguar). m. Felino común en ciertas regiones de México. Su nombre científico es *Felis pardalis,* y también se le conoce vulgarmente como tigrillo, gato montés o gato tigre. Su cabeza es pequeña y la base de su pelaje es gris, con manchas pardas bordeadas de negro. Habita en las zonas costeras, de Sonora hasta Chiapas y de Tamaulipas hasta Yucatán. Su piel es muy apreciada. Existe la creencia popular de que la carne y la sangre del *ocelote* proporcionan salud y vigor.

OCOTE (del náhuatl *ocotl,* tea, resina; y *cuahuitl,* árbol). m. Nombre aplicado a varias especies de árboles del género *Pinus,* de follaje denso e irregular, con hojas duras en forma de aguja. Miden de 10 a 20 metros de altura y su madera —fuerte y de buena calidad— es de color amarillento-rojizo, usándose en la industria de la construcción y como combustible. Los *ocotes* crecen principalmente en las zonas montañosas y en los valles elevados del país.

OLOTE (del náhuatl *yolotl,* corazón). m. Carozo, corazón o cuerpo duro que queda de la mazorca de maíz después de haber sido desgranada.

¡ÓRALE! interj. Expresión empleada para animar a alguien a hacer determinada cosa.
"*¡Órale!,* anímate y vamos mañana al cine".

OTATE (del náhuatl *otlatl,* caña maciza). m. Gramínea de tallos fuertes. Su nombre botánico es *Bambu arundinacea.* Se emplea para levantar cercas y en la elaboración de cestos y bastones. Abunda en las tierras cálidas del país.

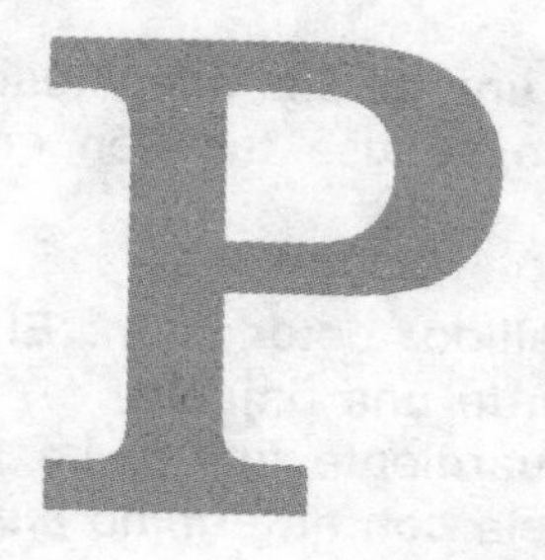

PACHICHI (del náhuatl *pachichina,* chupar). adj. Dícese del fruto marchito; así como del que no creció o no se desarrolló normalmente.
2. Por extensión, persona de edad avanzada.
"Aún se pone a hablarles de amor a las muchachas; pero la verdad es que el pobre señor está ya muy *pachichi*".

PACHOCHA. f. Nombre humorístico dado al dinero. Se desconoce el origen de tan curioso término.

PADRE. adj. Estupendo, grato, hermoso, magnífico. La acepción es usualísima en México, así como su aumentativo: *padrísimo.*

PADROTEAR. tr. Vivir a expensas de las mujeres y en especial de las prostitutas. Es verbo derivado de la voz española *padrear,* que en una de sus acepciones connota vida licenciosa. El término se usa también en otras naciones latinoamericanas.

PAJUELAZO. m. Estallido, detonación. El significado evoca la llama con que arde una pajuela.
2. Trago de aguardiente fuerte. La acepción relaciona la llama de la pajuela con el término *alumbrarse,* sinónimo de embriagarse.

PALOMILLA. f. Grupo de niños o de jóvenes unidos en camaradería para jugar o hacer travesuras.

PANUCHO. m. *Antojito* típico yucateco formado por dos tortillas fritas unidas por los bordes y rellenas de carne picada, frijoles, sal y otros condimentos.

PANZAZO. m. Chiripa, casualidad favorable. El término se emplea sobre todo en la expresión *pasó de panzazo,* la cual se refiere al estudiante que logra ser aprobado en un examen escolar por medio de la calificación mínima requerida.

PAPACHAR (del náhuatl *papatzoa,* ablandar fruta con los dedos). tr. Hacer mimos, caricias, *papachos.* A la persona inclinada a emplear mimos excesivos, principalmente con los niños, se le dice *papachador. Papacho* es apretón suave y cariñoso.

PAPALOQUELITE (del náhuatl *papaloquilitl,* hierba de la mariposa). m. Nombre genérico dado en los estados del centro del país a varias especies de plantas aromáticas del género *Parophyllum.* Se usan como condimento de salsas y guisos típicos.

PAPALOTE (del náhuatl *papalotl,* mariposa). m. Cometa, artificio de tela o papel, adornado con una especie de cola, y que sujeto por un hilo largo se lanza al espacio para que se eleve a impulsos del viento. Es un antiguo juguete que los españoles trajeron a México y al que los indígenas pusieron el bello nombre de mariposa: *papalotl.*

PAYO, YA. m. y f. Fuereño que se aturde y asombra en la visita que hace a la gran ciudad.

PEDO. m. Borrachera, papalina.
2. m. y f. Ebrio, borracho.
3. Reprimenda. *Echar de pedos* es regañar, reconvenir.

PELADEZ. f. Insolencia, vulgaridad, grosería.

PELADO, DA. adj. y s. Mal educado, majadero.

PELANGOCHE, CHA. adj. y s. Individuo soez y de baja estofa.

PENDEJO, JA. adj. y s. Tonto, torpe, mentecato; dado a cometer pendejadas, es decir, tonterías. Para suavizar el término suele decirse, eufemísticamente, *penitente.*

PEORESNADA. f. Pintoresco vocablo compuesto que se emplea para nombrar, con intención de burla, a la persona del sexo opuesto elegida por alguno para noviazgo o matrimonio, supuestamente a falta de una mejor alternativa.

PEPENAR (del náhuatl *pepena,* recoger lo esparcido por el suelo). tr. Recoger, rebuscar, levantar con la mano las cosas desparramadas.
2. Hurtar algo con presteza.
"Dejé mi reloj de pulso sobre el buró, y en un descuido alguien se lo *pepenó".*

PETACA (del náhuatl *petatl,* estera, petate, y *calli,* casa). f. Maleta, especie de baúl portátil provisto de cerradura; de uso común para llevar en él ropa y artículos de uso personal.
2. En plural y en sentido figurado, glúteos, trasero. *Peta-*

cona se le dice a la persona de glúteos y caderas prominentes.

PETATE (del náhuatl *petatl*, estera). m. Estera tejida con tiras de hoja de palma, usada por lo común para acostarse o sentarse sobre él.

—BUENAS PAL PETATE Y MALAS PARA EL METATE. Refrán con el que se alude a las mujeres bien dispuestas a acostarse para compartir los placeres del sexo; pero renuentes a las tareas domésticas.

PETATEARSE. pr. Morir, fallecer. El término se originó en el hecho de que al morir una persona extremadamente pobre, sus deudos envuelven el cadáver en un petate, dada la falta de medios para adquirir un ataúd.

PIBIL (del maya *pibbi,* asado debajo del suelo). adj. Nombre dado en Yucatán a las viandas horneadas bajo tierra. Son famosos manjares yucatecos la *cochinita pibil,* el *pibipollo* y el *pibinal* o elote asado dentro de un agujero hecho en el suelo.

PICHICATO, TA (del italiano *pizzicato,* pellizco). adj. y s. Miserable, tacaño, mezquino; persona que en vez de dar lo que debe o puede, únicamente proporciona un pellizco, una parte mínima.
El vocablo, originado en México, es de gran fuerza expresiva, siendo usado y entendido aun por quienes desconocen la voz italiana *pizzicato,* de la cual procede directamente. Vocablo de eficacia indudable, su uso se ha extendido a la mayoría de las naciones latinoamericanas.

PICHILINGO, GA (del náhuatl *piciligüe,* lo que se hace pequeño). m. y f. Niño, nene, muchachito.

PINCHE. adj. Feo, vil, de mala clase.

P

PINCHURRIENTO. adj. Que tira a pinche; que es más bien feo, vil, de mala clase.

PIPIOLO, LA (del náhuatl *pipiyolin,* muchachito). adj. y s. Niño de corta edad. *Pipiolera* se le dice al conjunto de niños o *pipiolos.*

PISTEAR. tr. Ingerir bebidas embriagantes. *Pisto* equivale a trago de licor. Son términos comunes en el noroeste mexicano.

POCHO, CHA (del ópata *potzico,* cortar la hierba). adj. y s. Mexicano norteamericanizado, *agringado;* o bien, norteamericano de sangre mexicana. El origen del término es a no dudar curioso. *Pochi* es voz que, en su primera acepción, procede del ópata *potzico* y significa *arrancar la hierba.* Ahora bien, a mediados del siglo pasado, un grupo de indígenas sonorenses de sangre ópata marcharon a trabajar como braceros a los Estados Unidos. Algunos se quedaron a vivir en aquel país. De ellos, sus coterráneos ópatas dijeron que eran *pochis,* es decir, hombres arrancados como la hierba, gente desarraigada. Dado este origen, el término *pocho* está perfectamente aplicado a nuestros compatriotas que, desligados de sus raíces, residen en Norteamérica.

POCHISMO (del ópata *potzico,* cortar la hierba). m. Vocablo o giro del inglés estadounidense inserto en el habla española de México.
2. Modo de ser característico del mexicano radicado en los Estados Unidos.

POQUITERO, RA. adj. Dícese de quien se dedica a *poquitear,* es decir, a especular en apuestas o negocios de menor cuantía. Es uno de esos eficaces vocablos creados a partir de palabras de pura cepa española, a las que nuestra peculiar manera de ser y sentir dotó de nuevo y sagaz significado. En este caso, con el adverbio *poco* se formó la elocuente definición aquí anotada.

P

POZOL (del náhuatl *pozolli,* espumoso). m. Bebida nutritiva y refrescante, hecha de nixtamal reventado y molido, batido después en agua. Es típica del sureste mexicano.

POZOLE (del cahita *posoli,* hervir maíz). m. Cocido típico de Jalisco, preparado con maíz, caldo, cabeza de puerco y condimentos diversos.

PURITITO, TA. adj. Diminutivo intensivo de *puro,* vocablo que adquiere valor de aumentativo, casi de superlativo, como en las expresiones *puritito hablador, puritito corazón* o *puritito Zacatecas.*

QUEBRAR. tr. Matar, asesinar. Es un modismo popular muy usual.

QUEDADA. f. Dícese de la solterona, es decir, de la mujer madura que no se ha matrimoniado; y que, usando una expresión común, *se quedó para vestir santos.*

QUEJUMBRES. com. Apodo genérico que se aplica a la persona demasiado quejumbrosa. También se dice, tratándose de un hombre, *don Quejumbres;* o *doña Quejumbres,* si se alude a una mujer.

QUELITE (en náhuatl *quilitl).* m. Nombre genérico de varias plantas herbáceas, o de cualquier brote o cogollo tierno empleado como verdura.

Q

QUEMAR. tr. Menoscabar, demeritar, desacreditar a alguno. "La *quemó* con sus jefes, pues les dijo que cuando ellos no están en la oficina utiliza mucho el teléfono en llamadas de índole personal".

QUEMÓN. m. Chasco, sorpresa, frentazo. Muy usado en expresiones como *darse un quemón* o *un ligero quemón*.

QUERENDÓN, NA. adj. Individuo propenso a amar con facilidad a las personas del sexo opuesto.

QUESADILLA. f. Especie de empanada de masa de maíz, en forma de media luna y frita. Es típica de México. Originalmente, se rellenaba únicamente de queso, de donde le vino el nombre. Pero hoy se le llama *quesadilla* no sólo si está rellena de queso, sino de papa, picadillo, hongos, chicharrón, chorizo o algún otro ingrediente.

QUEXQUÉMIL (del náhuatl *quextli,* camisa). m. Prenda indígena femenina que cubre el torso.

¡QUIUBO!, **¡QUIÚBOLE!** *o* **¡QUIUBAS!** excl. Voz a guisa de saludo. Equivale a ¡hola!

RAJARSE. pr. Desdecirse de la palabra dada, hacerse para atrás, no cumplir con lo ofrecido. También se dice *abrirse*.

RAJÓN, NA. adj. y s. Calificativo desdeñoso con el que se designa a quien no sabe cumplir con la palabra empeñada. También se aplica al que carece de discreción para guardar un secreto.

RASCUACHE. adj. De poca clase, pobre, insignificante, irrisorio. "Fue mejor no concurrir a ese baile, pues según me dicen, estuvo muy *rascuache*".

RASPA. f. Gentuza, plebe, populacho.
2. Individuo vulgar, mal educado.

REBATINGA. f. Alteración popular del término *rebatiña,* el cual

hace referencia a la acción de arrebatarse algo de las manos unos a otros.
En nuestro país se le da el sentido de latrocinio cometido entre varios sujetos.

REFRESCÁRSELA. pr. Forma eufemística de referirse a la acción de mentarle la madre a alguno. También se dice *rayársela o recordársela.*

REJEGO, GA. adj. Remiso, renuente, reacio. Aplícase por igual a las personas y a los animales.

RELAJO. m. Mitote, desorden, barullo.

RELUJAR. tr. Pulir, afinar, dar a una cosa el aliño más conveniente. De quien se presenta atildado, pulcro, bien vestido, se dice que *viene muy relujado.*

REPELAR. tr. Refunfuñar, rezongar, poner reparos.
2. Protestar contra el precio señalado a una mercancía, con intención de obtener una rebaja.

RESPONDÓN, NA. adj. y s. Dícese de quien al ser reprendido replica en forma desatenta o injusta.

RETOBAR. tr. Refunfuñar, replicar con palabras resentidas y groseras.

RETRETA. f. A los significados anotados por la Academia (toque militar, y especie de serenata castrense que recorre las calles), en México se añade la acepción de serie, retahila, como cuando se dice: *Esa retreta de estornudos indica que estás resfriado.*

RUNFLA. f. Pandilla, palomilla, grupo de personas de poco más o menos.
"Ya está allí esa *runfla* de vagos, obstaculizando el paso de la gente con sus juegos de pelota".

SABROSO, SA. adj. y s. Persona que se jacta de su valer y bravura. El vocablo se utiliza en frases como: *se siente muy sabroso.*

SALBUTE (del maya *zal,* ligero, y *buth,* relleno). m. Especie de sope o chalupa típica de Yucatán. Se le adereza con carne, salsa y *chaya,* legumbre propia de la tierra yucateca.

SALIDOR, RA. adj. Entusiasta, decidido, animoso.
2. Bravucón, buscapleitos.

SANGRÓN, NA. adj. y s. Impertinente, enfadoso, desagradable, de sangre pesada.

SANGRONADA. f. Hecho o dicho inoportuno, pesado, sin gracia.

SAPETA (del yaqui *supeta,* vestido). f. Localismo sonorense por taparrabos, pañal.

S

SARAPE. m. Especie de frazada que por lo común se usa como cobija o capa. Cuando el sarape tiene bocamanga se le llama *jorongo*.

SISIRISCO. m. Vulgarismo por esfínter, ano.

SOBA. f. Quebranto, daño sufrido, trastorno. Se usa en las locuciones *llevar una soba* o *acomodar una soba*. Dícese también *amolada, chinga, friega*.

SOBAJAR. tr. Rebajar, abatir, humillar.

SOCOYOTE, TA (del náhuatl *xocotl,* fruto, en el sentido de hijo o producto). m. y f. El más pequeño de los hijos; el menor, respecto a sus hermanos.

SOPE. m. Especie de gorda de maíz con reborde. En la parte superior se le pone carne u otro alimento, salsa de chile y diversos condimentos; por la parte inferior, se le fríe ligeramente.

SORRAJAR. tr. Romper violentamente alguna cosa, arrojándola con fuerza.

SOTOL. m. Nombre que se da a varias especies de plantas liláceas, del género *Dasylirion*. Son parecidas al maguey y de ellas se extrae la bebida embriagante igualmente denominada, la cual es típica del estado de Chihuahua.

SUAVE (DAR LA). f. La expresión *dar la suave* equivale a darle a alguno por su lado, adularle, halagarle concediéndole aparentemente la razón.

SÚPITO, TA. adj. Profundamente dormido. Del que cae en pesado sueño se afirma que se *ha quedado súpito.*

TACO (del náhuatl *itacate,* bastimento). m. Tortilla de maíz hecha rollo, con alguna vianda o alimento en su interior.

2. Refrigerio que se toma entre comidas.

3. Suele usarse como voz sinónima de *comida.* Entre amigos se dice *vamos a echarnos un taco,* en vez de *te invito a comer.*

4. *Darse taco* es darse importancia, alardear.

TACUARÍN (del cahita *tacarin,* pan de maíz). m. Bizcocho de harina de maíz en forma de rosquilla. Es típico de Sinaloa. *Tacuarinero* se le dice a quien hace o vende *tacuarines.*

TACUCHE (voz tarasca que significa envoltorio de ropa). m. Traje masculino.

TACHO, CHA. fam. Diminutivo de Anastasio y Anastasia.

T

TALACHA (hibridismo del náhuatl *tlalli,* tierra, y del español *hacha).* f. Instrumento de labranza con el que se rompe la tierra endurecida y llena de tallos y raíces.
2. Limpieza de un taller una vez que se han concluido las tareas cotidianas.

TALAYOTE (del náhuatl *tlalli,* tierra; y *ayotli,* calabaza). m. Nombre de numerosas plantas asclepiadáceas que producen frutos comestibles en forma de pequeñas calabazas, y cuyo tipo es la *Asclepias linaria*.
2. En plural, testículos.

TALEGAS. f. y pl. Vulgarismo por testículos. Del individuo perezoso se dice que es un *talegón,* o que *le pesan las talegas.*

TAMAL (en náhuatl *tamalli).* m. Manjar mexicano hecho de masa de maíz con manteca, envuelta en hoja también de maíz o de plátano, y cocida. Suele aderezarse con hebras de carne, mole o alguna otra suculencia.

TAMBACHE (del tarasco *tambachi,* cesto). m. Envoltorio, bulto grande.
"Iban de día de campo y llevaban un buen *tambache* de comida".

TANATE (en náhuatl *tanatl).* m. Cilindro de cuero o palma, con tapadera. Sirve como recipiente. También se dice *tenate.*
2. En plural, testículos.

TANGUARNÍS. m. Nombre genérico dado a las bebidas embriagantes.

TANICHI. m. Morral en el que los indios sonorenses acostumbran llevar el bastimento para sus largas caminatas. Se dice también *taniche.*
2. Extensivamente, tendajón, dando a entender que en una

pequeña tienda la gente del rumbo encuentra lo necesario para su bastimento.

TANTEAR. tr. Burlarse socarronamente de alguno, tomarle el pelo.

TAPADO. m. Personaje que será lanzado por el partido mayoritario como candidato oficial a la presidencia de la República; y, por lo mismo, ganador seguro, pero cuya identidad individual aún se desconoce, permanece *tapada,* hecho que desata fuertes especulaciones y ajetreos en el singular medio político mexicano.

TAPATÍO (del náhuatl *tapatiotl,* tercia de pequeñas bolsas). m. y f. Persona oriunda de la ciudad de Guadalajara, capital del estado de Jalisco. El origen del vocablo es el siguiente: los indígenas del reino de Tonalá, no lejos del lugar donde se asienta la actual Guadalajara, usaban como moneda unas bolsas diminutas, tres de las cuales componían un *tapatiotl,* unidad monetaria que era la base de sus operaciones de compra-venta. Este valor monetario acabó por desaparecer; pero el término *tapatiotl,* transformado en su apócope *tapatío,* quedó como sobrenombre de las personas naturales de la región.

TATA (del náhuatl *tatli,* padre). Tratamiento indígena aplicado al padre, al abuelo y al anciano en general, así como al hombre de respeto al que se considera protector de la comunidad.

TATEMAR (del náhuatl *tla,* algo; *tetl,* fuego; y *mati,* poner). tr. Asar ligeramente, soasar.

TECOLINES (del cahita *tecolai,* cosa redonda). m. y pl. Dinero en metálico, monedas.

TECOLOTE. m. Nombre dado a diversas variedades de búhos, entre ellos el abundante búho cuerniblanco, *Lophostrix cristata,* ave nocturna de unos 40 centímetros de largo, y plumaje café oscuro entreverado con amarillo y blanco. En la cabeza tiene un penacho de plumas blancas erectas (cuernecillos). Se alimenta de ratones de campo e insectos grandes. Canta de modo característico durante la noche. Habita en los lugares húmedos y boscosos del país.

TECOMATE (del náhuatl *tecomatl,* vasija). m. Vasija de barro o hecha del epicarpio de un coco o una calabaza. Se utiliza para beber en él.

TEJOCOTE (del náhuatl *tetl,* piedra, y *xocotl,* fruta ácida). m. Arbusto de la familia de las rosáceas. Su nombre científico es *Crataegus mexicana.* Es de madera dura, ramas gráciles y espinosas, hojas dentadas y flores blancas. El fruto es comestible, de color anaranjado, muy aromático y de sabor agridulce, atribuyéndosele, en cocimiento, propiedades diuréticas y curativas de las vías respiratorias. Es común en casi todo el país, sobre todo en las zonas templadas y frías. Se propaga de manera silvestre; y también es cultivado en las variedades de frutos dulces, muy apreciados en la elaboración de jaleas y conservas. La madera se utiliza para fabricar mangos de herramientas y utensilios.

TEMASCAL (del náhuatl *tema,* bañarse, y *calli,* casa). m. Baño indígena de vapor, construido de piedra y de forma cupular. Se calienta desde el exterior por medio de un horno sobre cuyas piedras calientes se arroja agua fría para producir vapor. Nuestros antepasados prehispánicos se daban baños rituales de vapor. Una vez que el *temascal* estaba bien caliente y se desprendía copiosamente el vapor de las paredes de piedra, los bañistas eran azotados con ramas o con hojas de maíz por criados especiales —generalmente enanos o jorobados— a fin de favorecer la exudación. Luego de permanecer dentro del temascal durante cerca de una hora, pasaban al exterior, donde había bañeros que les echaban encima cantarazos de agua fresca. Aún existen *temascales* en lugares aislados del centro del país.

TEMPRANITO. adv. Uno de esos adverbios que se acostumbra adjetivar en México, intensificando su significado por medio de la desinencia diminutiva. Quien afirma que *salió tempranito,* está diciendo que partió a muy temprana hora.

TEPACHE (del náhuatl *tepiatl,* bebida de maíz). m. Bebida refrescante fermentada que se prepara a base de piña o caña, y azúcar morena o piloncillo. Antiguamente se hacía con maíz y de allí proviene su nombre.

TEPALCATE (en náhuatl *tepalcatl).* Fragmento de pieza de barro quebrada.
2. Cacharro inservible o pieza de barro antiestética.

TEPETATE (del náhuatl *tetl,* piedra, y *petatl,* petate). m. Piedra caliza y porosa, que cortada en bloques se emplea en la construcción de casas.

TEPONAZTLI (voz náhuatl). m. Instrumento musical de percusión usado por los aztecas. Consistía en un tronco hueco, horizontal, con varias lengüetas. Se tocaba por medio de dos pequeños mazos de hule. Con el *teponaztli* se avisaba de los cambios de guardia nocturna, se emitían señales de guerra y se les daba realce sonoro a las ceremonias religiosas.

TEQUILA. m. Aguardiente típicamente mexicano que se obtiene de la planta xerófita *Ágave tequilana,* la cual se cultiva en tierras del estado de Jalisco y en pequeñas áreas de Nayarit. Hay indicios que permiten suponer que ya se producía *tequila* en la era prehispánica. Según tales indicios, la tribu de los *tiquila* o *tiquilos* lo elaboró en suelos que corresponden al actual municipio de Amatitán, una vez que aprendieron a cocer el cogollo del maguey tequilero y a fermentar y destilar su jugo, el cual era bebido únicamente por los sacerdotes y los ancianos. En la actualidad, el *tequila* es bebida de renombre y consumo mundial.

TESGÜINO (voz tarahumara). m. Bebida embriagante que los indígenas tarahumaras obtienen del grano de maíz. Variantes: *tesgüin, texgüin, tecuin,*

TEZONTLE (del náhuatl *tetl,* piedra, y *zonnectic,* cosa fofa). m. Piedra volcánica porosa, resistente y de color rojo oscuro. Desde los tiempos virreinales ha sido usada en nuestro país para la construcción de edificios.

TIANGUIS (del náhuatl *tianquiztli,* mercado). m. Mercado popular que se instala en lugares y días fijos. Son famosos los *tianguis* celebrados semanalmente en algunos pueblos y ciudades de México.

TILICHES (del cahita *ilichi,* pequeño, de escaso valor). m. y pl. Baratijas, cachivaches, trebejos, cháchagaras, enseres de poco valor. Variante: *tilichis.*

TIRICIA. f. Tristeza, decaimiento producido por alguna enfermedad. Es una antigua alteración de *ictericia,* cuyo uso tiende a desaparecer.

TITIPUCHAL. m. Profusión de cosas revueltas y desordenadas.

TIZNAR. tr. Eufemismo por *chingar.* La *tiznada* es otro de los nombres que tiene la *chingada.*

TLACUACHE (en náhuatl *tlacuatzin).* m. Marsupial didélfido cuyo nombre científico es *Didelphis marsupialis.* Mide de 30 a 40 centímetros de longitud. Es de pelaje amarillento y su cola es prensil. La hembra tiene en el vientre una bolsa o *marsupio* en la que carga a los hijos durante la lactación. De costumbres arborícolas y régimen omnívoro, habita en las regiones tropicales del país. Tiene la característica de fingirse muerto cuando se le persigue y se siente en peligro. Se le domestica con facilidad.

TLACHAR (del náhuatl *tlachia,* mirar). tr. Observar, atisbar, acechar.
"Ella venía con un amigo, muy quitada de la pena, sin darse cuenta de que su novio la estaba *tlachando*".

TLACHIQUE. m. Pulque dulce, con menor grado de fermentación que el pulque fuerte.

TLAPALERIA (del náhuatl *tlapalli,* color para pintar). f. Tienda en donde se venden pinturas para muros y muebles, material eléctrico, utensilios para trabajos manuales, materiales de construcción y un sinfín de artículos. Cabe señalar la etimología náhuatl de un término muy usual en México y cuyo empleo se circunscribe al país.

TOLOACHE (del náhuatl *toloa,* inclinar la cabeza, y la partícula reverencial *tzin).* m. Nombre aplicado a varias especies de plantas herbáceas, en especial la conocida científicamente como *Datura ceratocaula,* la cual tiene alrededor de un metro de altura, hojas sinuosas y flores monopétalas de color violáceo. Posee propiedades narcóticas y espasmódicas. Sahagún afirmó que emborrachaba y enloquecía perpetuamente a quien la tomaba. Suele decirse que una persona ha "dado *toloache*" a otra del sexo contrario cuando ésta se enamora perdidamente de aquélla, ya que existe la creencia popular de que el *toloache* tiene poderes embrujantes.

TOLOLOCHE (del náhuatl *tololontic,* redondo). m. Nombre que suele darse en nuestro país al instrumento musical también conocido como *contrabajo.*

T

TOMPEATE (en náhuatl *tompiatli).* m. Tanate; especie de canastito cilíndrico de palma tejida, utilizado para llevar tortillas, frutas, granos, etcétera.

TOPILLO (del náhuatl *topilli,* vara de justicia). m. Chapuza, engaño, fraude, trampa. La etimología del vocablo es muy clara: nuestros antepasados indígenas consideraban sensatamente que el autor de un fraude debía ser consignado al funcionario encargado de impartir justicia.

TOTOPO (del náhuatl *totopotza,* tostar). m. Especie de tostada hecha de harina de maíz, cocida al comal y muy delgada. Es típica de Oaxaca, Yucatán y Tabasco.

TRÁCALA. f. Trampa, ardid, engaño. Antiguos términos de germanía —es decir, la jerga creada por rufianes y ladrones—, las palabras españolas *trápala* y *trápana* tienen el significado de presidio. De la primera de ellas —*trápala*— *deriva* directamente el vocablo *trácala,* sonoro y sugestivo mexicanismo que equivale a trampa, ardid, engaño, y que mantiene una grande, merecida vigencia en el habla popular de nuestro país.

TRINQUETE. m. Fraude, estafa, prevaricación. Este significado, únicamente advertido en México, procede indudablemente del verbo *trincar,* que en la provincia española de Santander es voz sinónima de hurtar o robar.

TUPIR. tr. Acometer con ímpetu, emprender con entusiasmo una acción, empresa o tarea. *¡Túpanle con ganas!* se les dice a los músicos. Y lo mismo *se le tupe* al trabajo, que a la borrachera o al baile.

TUTURUSCO, CA (del tarahumara *tutuguiri,* fiesta en la que se bebe). adj. Achispado, ebrio a medias.

¡ÚJULE! interj. Exclamación con la que se denota extrañeza y burla.
¡Újule!, presumes de fortachón y no pudiste levantar siquiera esa mesita".

ULTIMADAMENTE. adv. En última instancia, en resumidas cuentas. Voz adverbial característica del habla popular de México. Suele emplearse como réplica, o bien como objeción que busca cerrar una controversia.
"*Ultimadamente,* tú careces de toda autoridad moral para llamarme la atención, así es que mejor te callas".

UÑAZO. m. Latrocinio, rapacería, ratería, acción de hurtar o *meter la uña.*

VACIADO, DA. adj. Persona oportuna, acertada, formidable.

VACILAR. intr. Divertirse, correr la juerga.
2. Embromar a alguien, hacerle una jugarreta en plan de divertirse.
"No creo en tus palabras, se me hace que sólo me estás *vacilando*".

VACILÓN. m. Parranda, diversión, vida alegre.

VALE. m. Apócope de valedor. Amigo, compañero, compinche.
2. Nombre común dado a todo hombre de condición modesta.
A ese *vale* yo lo conozco".

VALEDOR, RA. s. Persona que protege o ampara a otra.
2. Amigo, compañero, camarada.

V

VALONA. f. Favor, servicio oportuno, valimiento. Dícese también *valedura.*

VAQUERÍA. f. Baile popular de Yucatán.

VAQUETÓN, NA. adj. Pesado y torpe, pachorrudo. También se dice *cuerudo.*
2. Sinvergüenza, cínico.

VENADEAR. tr. *Cazar* a una persona como a venado, disparándole de lejos y a mansalva.

VIEJA. f. Nombre usado para designar a la cónyuge.
2. En plural, denominación genérica para las mujeres: las *viejas.*

VIEJO. m. Denominación usual en México para referirse al esposo.
2. En plural, los hombres.

VOLARSE. pr. Ilusionarse en demasía, enamorarse.

¡VÓYTELAS! interj. Exclamación de sorpresa.

VUQUI (voz cahita que significa esclavo, sometido). m. En Sonora, niño, muchachito. El vocablo cahita alude a la dependencia o sujeción a que está sometido el pequeño hijo de familia.

ZACAHUIL. m. Tamal de gran tamaño. Lleva en su interior un lechón entero. Se cuece bajo tierra, envuelto en hojas de plátano. Es típico del estado de Tlaxcala.

ZACATE (en náhuatl *zacatl)*. m. Hierba, forraje, pasto.
2. Estropajo hecho con fibras vegetales que se usa para fregar.

ZAFADO, DA. adj. Estrafalario, loco, chiflado; que, según se acostumbra decir, *ha perdido un tornillo*.

ZAPOTAZO. m. Porrazo, batacazo, caída que se da una persona con fuerza y estruendo.
"Bajaba yo la escalera a gran prisa, perdí pie, y me di un *zapotazo*".

Z

ZEMPAZUCHIL (del náhuatl *zempoalli,* veinte, y *xochitl,* flor). m. Hierba de la familia de las compuestas. Su nombre científico es *Tagetes erecta.* Presenta hojas divididas y flores con pétalos múltiples de color amarillo, anaranjado o rojizo. Crece en todo el país. Las flores se emplean como ofrenda a los difuntos en las celebraciones de los muertos. Se le llama también *cempoalxochitl, flor de muerto, rosa de muerto* o *flor de cementerio.*

ZENZONTLE (en náhuatl *zenzontlatolli,* que significa cuatrocientas voces). m. Pequeña ave canora parecida al mirlo y como él de color pardo, aunque tiene el pecho y el vientre blancos. Su nombre científico es *Mimus polyglottos.* Su canto es sumamente melodioso y variado. Se le conoce asimismo como *cenzontle* o *sinsonte.*

ZOPILOTE (del náhuatl *tzotl,* suciedad, y *pilotl,* colgante). m. Ave de la familia de las catártidas. Su nombre científico es *Coragyps atratus.* Mide de 50 a 60 centímetros de largo. Es de color negro opaco, y tiene la cabeza y el cuello desprovistos de pluma y arrugados. Vive en todo el país, excepto en la Baja California. Se congrega en mataderos y basureros, alimentándose de carroña y suciedad, siendo útil por esta función de limpieza. En otros países de América se le conoce como *gallinazo* o *zamuro.*

ZOQUETE en náhuatl *zoquitl).* m. Lodo, cieno; suciedad, mugre.
2. Golpe, guantada.
3. Tonto, mentecato.

ZUATO, TA. adj. Simple, bobo.

BIBLIOGRAFIA

ALCOCER, IGNACIO. *El español que se habla en México.* México, 1936.

ALONSO, AMADO. *Noción, emoción, acción y fantasía en los diminutivos.* Editorial Gredos. Madrid, 1951.

ALONSO, AMADO. *Problemas de dialectología hispanoamericana.* Buenos Aires, 1930.

ÁLVAREZ, JOSÉ ROGELIO. *Enciclopedia de México.* México, 1977.

BARCIA, ROQUE. *Diccionario de sinónimos.* Ediciones Oasis. México, 1983.

BAUCHE, HENRI. *Le langage populaire.* París, 1928.

BOYD BOWMAN, PETER. *El habla de Guanajuato.* Imprenta Universitaria.

BRONDO WHITT, E. *Regiomontana.* Chihuahua, 1937.

BUELNA, EUSTAQUIO. *Arte de la lengua cahita y diccionario.* México, 1890.

CANFIELD, DELOS LINCOLN. *La pronunciación del español en América.* Publicaciones del Instituto Caro y Cuervo. Bogotá, 1962.

CARREÑO, ALBERTO M. *La lengua castellana en México. México,* 1925.

ESTEVA, ADALBERTO A. *México pintoresco.* México, 1905.

FRANCIS, SUSANA. *Habla y literatura popular en la antigua capital chiapaneca.* Instituto Nacional Indigenista. México, 1960.

GARCÍA ICAZBALCETA, JOAQUÍN. *Vocabulario de mexicanismos, comprobado con ejemplos y comparado con los de otros países hispanoamericanos.* Tipografía y Litografía La Europea. México, 1899.

GARCÍA RIVAS, HERIBERTO. *Enciclopedia de plantas medicinales mexicanas.* Editorial Posada. México, 1982.

GARIBAY K., ÁNGEL. *Historia de la literatura náhuatl.* México, 195.

HENRÍQUEZ UREÑA, PEDRO. *El español en México, los Estados Unidos y la América Central.* Imprenta de la Universidad de Buenos Aires.

JIMÉNEZ, FEDERICO. *Diccionario de términos de germanía.* Barcelona, 1950.

LEÓN, AURELIO DE. *Barbarismos comunes en México.* México, 1937.

MALARET, AUGUSTO. *Diccionario de mexicanismos.* San Juan de Puerto Rico, 1931.

REAL ACADEMIA. *Diccionario de la lengua española.* Madrid, 1970.

ROBELO, CECILIO A. *Diccionario de aztequismos, o sea jardín de las raíces aztecas; palabras del idioma náhuatl, azteca o mexicano introducidas al idioma castellano bajo diversas formas.* Ediciones Fuente Cultural. México, 19 2.

RUBIO, DARÍO. *La anarquía del lenguaje en la América Española.* México, 1925.

SANTAMARÍA, FRANCISCO J. *Diccionario de mejicanismos.* Editorial Porrúa. México, 1978.

SANTAMARÍA, FRANCISCO J. *Diccionario general de americanismos.* Editorial Pedro Robredo. México, 19 2.

SOBARZO, HORACIO. *Vocabulario sonorense.* Editorial Porrúa. México, 1966.

TREJO, ARNULFO D. *Léxico de la delincuencia.* UTEHA. México, 1968.

Impreso en:
Programas Educativos, S.A. de C.V.
Calz. Chabacano No. 65 Local A
Col. Ampleación Asturias
06850 México, D.F.
1000 ejemplares
México, D.F., Abril, 1991